日本語

コミュニケーション
のための

読解教材
の作成

野田尚史・桑原陽子 編

ひつじ書房

目次

非漢字系学習者の教材試用結果　　247
（白石実・山口美佳）

本書の目的と構成

　本書は、日本語を母語としない日本語学習者用の読解教材を作成するためには、どのような調査を行い、どのように教材を作成するのがよいかをまとめたものである。

　本書が目指す教材は従来のものとは大きく違う。まず、実際のコミュニケーションに役立つ教材を作るために、初級段階から「聞く」「話す」「読む」「書く」という4つの活動を分けて教材を作成することにしている。また、「文型」から出発して教材を作成するのではなく、学習者はどんなものを読みたいか、どんなものを読む必要があるかというニーズから出発することにしている。

　そして、日本語を読むときに、どのような部分に注目して、そこからどのように意味を理解すればよいかという「読解技術」を具体的に示すことを重視している。従来の読解教材は学習者に読み物を読んでもらい、その内容についての問題を解いてもらうだけで、「読解技術」が具体的に示されていなかったという反省からである。

　また、それぞれの読み物ではどのような内容がどのような表現を使って書かれているか、また、それを読んだとき、学習者はどのような部分を理解するのが難しいかを調査し、その結果をもとにして教材を作成することを重視している。

　本書は、聴解教材を扱った野田尚史・中尾有岐(編)『日本語コミュニケーションのための聴解教材の作成』(ひつじ書房、2022年)の姉妹編である。

　読解教材は、聴解教材と同じく、日本語を産出する能力を高めるためのものではなく、日本語を理解する能力を高めるためのものである。しかし、聴解と読解では違う点もある。聴解は音声を聞きながらすぐに意味を理解しなければならないが、読解は時間的な余裕があり、自分のペースで読み進めることができる。わからない語句を辞書で調べたり、何回も読み直して文の構造を分析したりできる。

　読解教材を扱う本書では、聴解と読解のそのような違いを意識して、辞書の使用や文の構造の分析を聴解教材より重視している。

本書の構成は次のとおりである。最初に第1部で、コミュニケーションのための読解教材作成の基本方針を示す。

　その後、第2部から第5部では、それぞれ違うタイプの教材を例にして、教材の作成方法について具体的に述べる。第2部と第3部では、日常生活にかかわるものとして、それぞれ薬の表示とネット上のクチコミを読む教材を取り上げる。第4部と第5部では、学術的なものとして、それぞれ白書と論文を読む教材を取り上げる。

　教材の作成方法について具体的に述べる第2部から第5部の中は、それぞれ3つの部分に分かれる構成になっている。最初の部分はその読み物に書かれている内容と表現、次の部分は学習者がその読み物を読むときの難しさ、そして、最後の部分はその読み物を読んで理解するための教材の作成方法である。

　このような構成になっているのは、調査をもとに教材を作成するのがよいと考えているからである。学習者が読む日本語はどのようなものかを調査し、学習者がそれを読むときに何が難しいのかを調査した上で、その調査結果をもとに教材を作成する必要があると考えているということである。

　そして、最後の第6部では、本書で示された方法で作成された教材を学習者に試用してもらった結果について述べる。

　なお、本書は、野田尚史(編)『コミュニケーションのための日本語教育文法』(くろしお出版、2005年)で示された提案をもとに読解教材を作成する方法を具体的に述べたものだと位置づけられる。その提案というのは、日本語教育に必要な文法を根本的に考え直し、日本語教育や日本語教材を変えていく必要があるというものであった。その提案を受けて、その後、ウェブ版日本語読解教材「日本語を読みたい!」の作成を進めてきたが、本書はその教材を作成しているメンバーが中心になって書いたものである。

　本書は、コミュニケーション能力を重視した新しい読解教材を作ろうとするときに参考にしてもらうことを目的にしている。本書の出版をきっかけに、さまざまな新しい教材が次々に作成されるようになることを願っている。

(野田尚史・桑原陽子)

第 1 部

日本語読解教材作成の 基本方針

日本語コミュニケーションのための読解教材作成の基本方針

1. コミュニケーションのための読解教材の概要

　日本語コミュニケーションのための読解教材というのは、日本語学習者が実際に読む必要がある日本語や読みたいと思う日本語を読んで、その意味を理解できるようにするための教材である。

　そのような教材を作成するためには、(1)から(3)の方針を立てて教材の構成や内容を決める必要がある。

(1)　現実的な状況設定：どのようなときにどのような文章を読むのかという状況設定を現実的なものにする。
(2)　明確な目標設定：その文章を読んで何を理解できるようにするのかという目標設定を明確なものにする。
(3)　読解技術の明示：その文章のどの部分に注目し、意味をどのように理解すればよいのかという読解技術を明示する。

　このような方針に従って個々の教材を作成するためには、(4)から(6)の研究が必要である。

(4)　文章に書かれている内容と表現の研究：個々の文章にどのような内容がどのような表現で書かれているのかという研究
(5)　学習者が日本語を読む難しさの研究：学習者は文章の中でどのような部分をどのように理解できないのかという研究
(6)　読解教材の構成と内容を設計する研究：学習者に役に立つ読解教材は構成と内容をどのようにすればよいのかという研究

ここで挙げた(1)から(3)の方針については、それぞれ2.から4.でこれまでの教材と比較しながら述べる。(4)から(6)の研究については、それぞれ5.から7.で具体例を挙げながら説明する。その後、8.でまとめを行い、今後の課題を示す。

2. 現実的な状況設定

　現実にある文章を読んで意味を理解できるようになる教材を作成するためには、学習者がどのようなときにどのような文章を読むのかという状況設定を現実的なものにする必要がある。具体的には、(7)から(9)のようにするということである。

(7)　　実際に読むことがある文章を使う
(8)　　実際に使われている語彙・文型・表記を使う
(9)　　実際に読むときの機器で読んでもらう

　(7)から(9)について、それぞれ2.1から2.3で説明する。

2.1 実際に読むことがある文章を使う

　「実際に読むことがある文章を使う」というのは、日本語学習のために作られた文章ではなく、一般の人に読んでもらうために書かれた文章を使うということである。

　平高史也・舘岡洋子(2012)では「生教材と教科書という2つの異なる教材の作り方」(p. vii)が紹介されているが、その分類で言えばすべて生教材にするのが理想的だということである。

　学習者が日本語を読むときではなく、日本語を書くときには、自分の日本語能力に合わせた書き方をすればよい。たとえば、メールを書くとき、(10)のように書く能力がない人は、(11)のように書いても、相手に伝わることが多い。

（10）　10日（水）の昼休みに研究室に伺ってご相談させていただい
　　　　てもよろしいでしょうか。

（11）　10日12時先生のへやへ行きます、話します、OKですか？

　　日本語教科書では、学習者に読んでもらう文章についても、学習
者の日本語能力に合わせた書き方になっていることが多い。たとえ
ば、「目覚まし時計が3つもあるのに朝起きられない」という悩みの
相談に対する回答として、（12）のような文章が載っている。

（12）　まず寝るまえに、難しくて、おもしろくない本を読んでくだ
　　　　さい。すぐ眠くなりますよ。それから3つの目覚まし時計は
　　　　違う時間に鳴るように、セットして、いろいろな所に置いて
　　　　おきます。時計が鳴ると、起きて、止めに行かなければなら
　　　　ないので、目が覚めますよ。それでもだめな場合は、隣の
　　　　友達に起こしてもらってください。

　　　　　　　　　（『みんなの日本語　初級II　第2版　本冊』p. 169）

　　しかし、ここに書かれている内容は効果がないことや相談者がす
でに試したことばかりだろう。そもそも学習者が日本語を読むとき
は、学習者の日本語能力に合わせて書き方を変えてもらえない。
　　ネットで「朝起きられない」を検索して出てくるサイトには、た
とえば（13）のような文章が載っている。これは「1-2. 目覚ましを使
っても起きれないことが日常的な場合」という節にある文である。
この節にはいくつかの原因が挙げられていて、医師に相談するよう
に書かれている。（14）は（13）の後に出てくる「1-2-1. 起立性調節障
害」という節の最初の文章である。

（13）　しかし日常的に目覚ましを使って起きれないことが続いてい
　　　　るならば、なんらかの原因があることが考えられます。

　　　　　　　　（「朝起きれない…絶対目覚めたい日におすすめの方法」）

（14）　起立性調節障害は思春期の子どもにしばしば発生します。思
　　　　春期に自律神経が乱れることで、立ちくらみや倦怠感、頭痛

などが生じる問題です。

　学習者が実際に読むことがある文章を読んで理解できるようにするためには、学習者の能力に合わせて調整された(12)のような文章ではなく、現実にある(13)や(14)のような文章を使うのがよい。
　もちろん、初級レベルの学習者が(13)や(14)のような文章をすべて理解できるようになる教材を作るのは難しい。初級学習者向けの教材であれば、もっと簡単で短い(15)のような文章を使うのがよい。

(15)　起立性障害という病気ではないかと思います。
　　　朝は起きられない、体調が悪いけれど、午後からは元気になる、という病気です。
　　　立った時ふらついたり、めまいがする、車に酔いやすい、お風呂から出るとふらふらする、などの症状があります。
　　　一度、調べてみてください!!
　　　　　（「朝起きられないことについての質問です。……」）

　また、(13)や(14)のような文章の中の節タイトルだけを読んで「病気かもしれないので、医者に相談するのがよい」ということだけを読みとるといった技術を提供するのもよい。
　つまり、学習者の日本語能力に合わせて調整するのは、文章の書き方や内容ではなく、文章の選び方や、何をどの程度まで読みとるかという学習目標だということである。

2.2 実際に使われている語彙・文型・表記を使う

　「実際に使われている語彙・文型・表記を使う」というのは、学習者にとって既習の語彙・文型・表記だけを使うのではなく、実際にその状況で使われる語彙・文型・表記を使うということである。
　これまでの読解教材、特に初級教材は、できるだけ既習の語彙・文型・表記を使うようにしているものが多い。たとえば、2.1で示し

た日本語教科書の文章(12)では、使われている語彙は「寝る」や「難しい」「おもしろい」「本」「読む」など、既習のものが多い。未習だと考えられる語彙は、「目覚まし」や「目が覚める」など、わずかである。使われている文型は、「～まえに」や「［形容詞］くて」、「［形容詞］ない［名詞］」「～てください」など、既習のものばかりである。未習だと考えられる文型は使われていない。表記は、すべての漢字にふりがなが付いているほか、「まえ」や「おもしろい」などは漢字ではなく、ひらがなで書かれている。

　日本語教科書、特に中級程度の教科書では、原文を書き換えたものが使われていることが多い。原文をどのように書き換えているかについての研究としては、佐野裕子(2016, 2017)がある。原文をどのように書き換えるのがよいかについての研究としては、安井朱美・井手友里子・土居美有紀(2014)がある。

　しかし、教科書の文章ではなく実際の文章には未習の語彙・文型・表記がたくさん出てくる。たとえば、2.1で示したネット上の文章(14)では、「起立性調節障害」や「思春期」「生じる」など、多くの学習者にとって未習の語彙が使われている。また、(13)では可能を表す文型として「起きられる」ではなく「起きれる」が使われ、仮定条件を表す文型として「～なら」ではなく「～ならば」が使われている。表記については、(13)でも(14)でもふりがなはまったく使われていない。

　現実にある文章を読んで意味を理解できるようにする教材では、未習のものを含め、実際に使われている語彙・文型・表記を使うのがよい。未習のものがあっても、辞書を使ったり推測したりして、内容を理解する技術を習得できるような教材を作る必要がある。

　なお、「実際に読むことがある文章を使う」「実際に使われている語彙・文型・表記を使う」というのは、必ず実際に存在する文章を使わなければいけないということではない。著作権の関係で教材に使えない文章もある。実際に存在する文章に似た文章を作り、それを使えばよい。

2.3 実際に読むときの機器で読んでもらう

「実際に読むときの機器で読んでもらう」というのは、ネットに掲載されている情報のようにパソコンやスマホなどの電子機器を使って読むものは、教材でも電子機器を使って読んでもらうということである。現代では電子機器を使って読むことが多い。教材も電子機器を使って読むことを前提に作成する必要がある。

電子機器を使って読むときに必要になる技術は、紙に書かれたものを読むときとは違う。紙に書かれたものを読むときには、読み方がわからない漢字はスマホで写真を撮って検索するといった技術が必要である。また、手書きの文字を読む場合には、印刷の文字とは形が違う文字を見て、どの文字かを判断する技術も必要である。これらは、辞書で検索できるようにするまでの段階の技術である。

それに対して、電子機器を使って読むときには簡単に辞書やネット検索が使える。読み方がわからない漢字も、コピペすれば簡単に検索できる。そのため、電子機器を使って読むときには、辞書で検索した後の段階の技術、つまり辞書を使う技術がより重要になる。

今後、紙に書かれたものを読む機会はさらに減っていく。読解教材も電子機器を使って読むことを中心にしたほうがよい。

ただし、さまざまな筆記試験だけは、今後もかなり長く紙に書かれたものを読む形が続く可能性が高い。そして、試験のときだけは辞書を使えないことが多い。そのため、試験問題を読むための教材だけは、一般の読解教材とは違い、辞書を使わずに紙に書かれたものを読む前提で作成する必要がある。

3. 明確な目標設定

現実にある文章を読んで意味を理解できるようになる教材を作成するためには、その文章を読んで何を理解できるようにするのかという目標設定を明確なものにする必要がある。具体的には、(16)から(18)のようにするということである。

（16）　具体的な目標を示す

（17）　すべてを理解することを目標にしない

（18）　辞書を使って読むことを前提にする

　（16）から（18）について、それぞれ3.1から3.3で説明する。

3.1 具体的な目標を示す

　「具体的な目標を示す」というのは、教材全体や各課で学習してほしいことに対して抽象的な目標を示すのではなく、練習問題の1つ1つに対して具体的な目標を示すということである。

　これまでの読解教材は、練習問題の1つ1つが何を目標にしているのかが明確でないものが多かった。たとえば『読む力　初中級』の第7課では、（19）のような抽象的な「学習目標」が示されている。

（19）　リライトされた易しめの文章を読んで、要点や筆者の主張・

　　　　意図・メッセージがつかめる

　（20）は、この学習目標を達成するために身につける「論理をつかむ」スキルに関する練習問題の1つである。この「下線部④」は、本文の（21）の部分の下線部を指している。

（20）　下線部④は、何ですか。2つ書きなさい。

（21）　④人に教えることのメリットは、それだけではありません。

　この練習問題の正解は、（21）の前に書かれている「自分の「わかったつもり」に気づくこと」と、後に書かれている「相手からの質問に答えることで、自分の知識が深まること」である。しかし、どうすればこの正解がわかるのかは示されていない。

　この練習問題の具体的な目標を考えると、（22）のようになる。

（22）　あることについて複数の項目が示されているときに、その複

数の項目が何であるかを特定する。

　教材としては、このような目標を示した上で、複数の項目が示されるパターンとして(23)や(24)のようなものがあることを説明し、目標を達成するための練習問題を提供すればよい。

(23)　「〜には3つの〜がある。」のように項目の数が述べられた後、「第1に、〜」「第2に、〜」「第3に、〜」や「まず、〜」「次に、〜」「最後に、〜」という形で複数の項目について述べられる。

(24)　1つ目の項目について述べられた後に、「また、〜」「それだけではなく、〜」などの形で2つ目の項目について述べられる。「さらに、〜」「その他、〜」などの形で3つ目の項目について述べられることもある。

　(21)の「それだけではありません。」は、(24)の「それだけではなく、」のバリエーションという位置づけになる。
　このように、練習問題の1つ1つについて(22)のような具体的な目標を示すことができると、身につけるべき(23)や(24)のような読解技術も具体的になる。また、その読解技術を身につけるためにはどのような練習問題が適切なのかも明確になる。

3.2　すべてを理解することを目標にしない

　「すべてを理解することを目標にしない」というのは、書いてあることをすべて理解するのではなく、読みとる必要があることだけを理解すればよいことにするということである。
　これまでの読解教材は、書かれていることをすべて理解できるようにしようとするものが多かった。たとえば『日本語を学ぶ人のための「上級読解」入門』には、(25)の問題がある。

(25)　表には夏バテの主な症状が5つ挙げられているが、この中で文中に書かれていないものはどれか。

この問題に解答するためには、問題の前にある文章を最初から最後まで読んで書いてあるものをチェックし、書いていないものを特定しなければならない。その際、文章の(26)の部分から「不眠」は文中に書いてあると判断しなければ、正解にならない。

(26)　人の活動を司（つかさど）る重要なはたらきをする自律神経の乱れは、睡眠（すいみん）や食欲など、身体の活動全体に影響（えいきょう）を及ぼします。

　実際の読解では、すべてを理解しなくても目標を達成できることが多い。たとえば、飲食店のクーポン券に書いてある(27)の注意書きを読むときは、「限ります」が理解できなくてもよい。

(27)　現金でのお支払に限ります。

　クーポン券に「現金」が出てくるのは、(27)のようなパターンと(28)のようなパターンしかない。

(28)　現金とのお引換はできません。

　「現金」が出てくる文の文末が「ます」という肯定であれば、「カードでの支払いはできず、現金で支払わなければならない」ことが書かれている。一方、「現金」が出てくる文の文末が「ません」という否定であれば、「クーポン券を現金に換えられない」ことが書かれている。これを知っていれば、それ以外の部分が理解できなくても、何が書かれているのかがわかる。
　このように、読解教材では書いてあることをすべて理解できるようにするのではなく、読みとる必要があることだけを理解できるようにするのがよい。これは、読みとる必要がない部分を無視できるようにするということでもある。

3.3 辞書を使って読むことを前提にする

　「辞書を使って読むことを前提にする」というのは、その文章を読んで何を理解できるようにするのかという目標を設定するときに、辞書を使うことを前提にするということである。

　これまでの読解教材は、辞書を使って読むことを前提にはしていなかった。たとえば『できる日本語準拠　たのしい読みもの55 初級＆初中級』には、別冊として「語彙リスト」がある。読むために必要と思われる語をリストアップしたものであり、英語、中国語、韓国語、ベトナム語の訳が付いている。このような教材は多いが、こうした教材は辞書を使って読むことを前提にしていない。そのため、辞書の使い方の説明はまったくないのが普通である。

　しかし、実際の文章には語彙リストは付いていない。わからない語句が出てきたときには辞書で調べるしか方法がない。そして、試験のような特殊な状況でなければ、辞書が使える。そのため、辞書で調べたほうがよいときには辞書を使ったほうがよい。教材でも、ネット上の辞書や翻訳サイト、スマホの辞書アプリなどの使い方を習得できるようにする必要がある。

　教材で扱う必要がある辞書の使い方というのは、狭い意味でのサイトやアプリの使い方ではない。(29)から(32)のような判断が適切にできることも含まれる。

(29)　わからない語句のうち、どれを辞書で調べ、どれを調べないのがよいか？

(30)　辞書で調べる語句を文章の中からどのように切り取るか？

(31)　どのような辞書を使って、辞書にどのように入力するか？

(32)　辞書に載っている語義の中から文脈に合う語義をどのように選択するか？

　このうち(29)の「どの語句を辞書で調べるか？」というのは、たとえば(33)を読んだときに、わからない語句のうち「空洞化」と「懸念されている」は辞書で調べるが、「然るに」と「すら」は辞書

で調べないといった判断をできるようにすることである。

(33)　然るに，現状は，海外旅行の元気さばかりが目に付き，国
　　　内旅行については空洞化の危機すら懸念されている．
　　　　　　　　　　　　　　　　　　　　　　　　　（「観光地の
　　　魅力度評価—魅力ある国内観光地の整備に向けて—」p. 14）

　　辞書で調べない語句については、意味を推測したり、無視しても
よいと判断したりすることになる。そのため、教材では推測のしか
たも習得できるようにする必要がある。
　　次に、(30)の「調べる語句をどのように切り取るか?」というの
は、たとえば(33)の「元気さばかりが」であれば、「さばかり」で
はなく「ばかり」を切り取って辞書で調べるといった判断をできる
ようにすることである。
　　次に、(31)の「辞書にどのように入力するか?」というのは、た
とえば「輸血」を調べるために、「輸」を手書き入力で辞書に入力し
た後、候補として出てきた「輪」を選ばないで「輸」を選ぶといっ
たことをできるようにすることである。
　　最後に、(32)の「語義をどのように選択するか?」というのは、
たとえば「式が終わり次第、……」の「次第」を辞書で調べて出て
きたいくつもの語義の中から、「その後すぐに」という語義を選ぶと
いったことをできるようにすることである。
　　このように、辞書を使って読むことを前提に、辞書の使い方を習
得できるようにする教材を開発していくことが必要である。

4. 読解技術の明示

　　現実の日本語を読んで意味を理解できるようになる教材を作成す
るためには、読んだもののどの部分に注目し、読んだものの意味を
どのように理解すればよいのかという読解技術を明示する必要があ
る。具体的には、(34)から(36)のようにするということである。

(34)　具体的な読解技術を示す

(35)　辞書の使い方や推測のしかたなども示す

(36)　いろいろな言語で説明があるウェブ教材にする

　（34）から（36）について、それぞれ4.1から4.3で説明する。

4.1　具体的な読解技術を示す

　「具体的な読解技術を示す」というのは、「〜に注意して読む」の
ような心構えではなく、読んだもののどの部分から何を理解すれば
よいのかという具体的な読解技術を教材で示すということである。

　これまでの読解教材は、練習をさせるだけで読解方法を示してい
ないものが非常に多かった。また、読解方法を示しているが、それ
に対応する練習問題がないものもあった。たとえば『メタ認知を活
用したアカデミック・リーディングのための10のストラテジー』に
は、「焦点をしぼる」というストラテジーの具体例の1つとして(37)
の説明がある。しかし、そうした個々の説明に対応する練習問題が
揃っているわけではなく、(38)のような形で学習者に自分が使った
ストラテジーを内省してもらう問題になっている。

(37)　文章の最後の部分に筆者の考えが書いてあることが多いので、
　　　時間がないときは、最後だけ読みます。　　　　（p. 33）

(38)　あなたはどのように焦点をしぼって読みましたか。　（p. 34）

　一方、『留学生のための読解トレーニング―読む力がアップする
15のポイント―』では、たとえば「「する／される」の関係をつか
みましょう」という課のストラテジーの1つとして(39)の説明があ
り、例が載っている。そして、そうした個々の説明に対応する
(40)のような練習問題も付いている。

(39)　受身形、「〜てもらう」「〜てほしい」の「する」側は、「に」
　　　の前　　　　　　　　　　　　　　　　　　　　　　（p. 9）

(40) 中村さんは、信頼していた吉田さんに悪口を言われて、落ち
込んでいる。

　　　　　Q　悪口を言ったのは誰ですか。　［　　］（p. 11）

　「具体的な読解技術を示す」というのは、このように明確な読解
技術を示し、その読解技術を習得できるような練習問題を提供する
ことである。

4.2 辞書の使い方や推測のしかたなども示す

　4.1で「具体的な読解技術を示す」ことが必要であると述べたが、
その読解技術は(39)のような純粋に言語的な読解技術だけではな
い。たとえば(41)や(42)のような読解技術も含まれる。

(41)　辞書の使い方
(42)　推測のしかた

　このうち(41)の「辞書の使い方」というのは、たとえば(43)を読
んで「朝届」を辞書で調べずに、「届ける」を調べるようにする技術
である。具体的には(44)や(45)の判断をして、(46)のように辞書を
調べるという技術である。

(43)　あさっての朝届けます。
(44)　a.　「朝届」が名詞であれば、その後に「は」や「を」「の」
　　　　　「だけ」「で」などの助詞が続くはずだが、そうではない
　　　　　ので、「朝届」は名詞ではないだろう。
　　　b.　「朝届」の前が「の」なので、その後に名詞が続くはずだ
　　　　　が、「朝届」は名詞ではないので、「朝」だけが名詞だろう。
(45)　a.　「朝届」が動詞の一部であれば「朝届します」になるはず
　　　　　だが、そうではないので、「朝届」は動詞の一部ではないだ
　　　　　ろう。
　　　b.　「ます。」の前は動詞のはずだが、「朝届」は動詞の一部で

はないので、「届」だけが動詞の一部だろう。

(46)　a.　「届けます」は「届ける」のマス形か、「届く」の可能形
　　　　　のはずである。
　　　b.　「届く」を辞書で調べると、物が主語になる自動詞なの
　　　　　で、可能形はないはずである。そうすると「届けます」
　　　　　は「届ける」のマス形になるので、辞書で「届ける」を
　　　　　調べる。

　一方、(42)の「推測のしかた」というのは、たとえば(47)を読ん
で、「認められません」がわからなくても、「られません」から「(変
更は)できない」ことだと推測したり、否定形の前にある「一切」は
「できない」を強調するくらいで、「できない」の意味を大きく変え
るものではなさそうだと推測したりする技術である。

(47)　登録が完了した科目の変更は一切認められません。

　このような「辞書の使い方」や「推測のしかた」のほか、(48)か
ら(50)のような読解技術も考えられる。

(48)　文章やウェブサイトのどこに何が書いてあるかをどのように
　　　して見つけるか
(49)　ネット検索やページ内検索をどのように使うか
(50)　自分が持っている背景知識をどのように使うか

　実際に学習者がどのように読解活動を行えばよいのかを考えると、
純粋に言語的な読解技術だけではなく、このようにさまざまな読解
技術を習得できるようにする必要がある。

4.3　いろいろな言語で説明があるウェブ教材にする

　「いろいろな言語で説明があるウェブ教材にする」というのは、
(51)から(53)のようなことである。

（51）　説明は日本語だけではなくいろいろな言語で示す

（52）　漢字系学習者用と非漢字系学習者用の教材を分ける

（53）　練習が多くできるようにウェブ教材にする

　まず、(51)の「説明は日本語だけではなくいろいろな言語で示す」というのは、読んでもらう文章は日本語であるが、それ以外の説明や練習問題の指示や選択肢などは日本語だけではなく、いろいろな言語で示すということである。

　説明や指示が日本語だけであると、日本語があまり読めない人には使えなかったり、内容が正確に伝わらなかったりする。学習者の母語か母語に準じる言語で読めるようにしておくのがよい。最近の日本語教材は説明がいろいろな言語で見られるものが増えているが、可能な限り、多くの言語に対応したものにするのがよい。

　次に、(52)の「漢字系学習者用と非漢字系学習者用の教材を分ける」というのは、日本語を学習する前から中国語などの漢字の意味を知っていた「漢字系学習者」のための教材と、日本語を学習する前は中国語などの漢字の意味を知らなかった「非漢字系学習者」のための教材を、必要に応じて分けるということである。

　日本語の読解では、日本語の漢字ではなく中国語の漢字であっても漢字の意味を知っている人は、日本語を学習していなくても読んで理解できる部分がある。漢字で書かれる語彙については、中国語と違うものだけを学習すれば済む。それ以外のものは、中国語の意味から推測すればよい。それに対して、漢字の意味をまったく知らない人は、漢字の形を認識し、漢字で書かれる語彙の意味を1つ1つ覚える必要がある。

　そのため、特に日本語の学習を始めたばかりの学習者のための教材は、漢字系学習者用と非漢字系学習者用を分ける必要がある。

　最後に、(53)の「練習が多くできるようにウェブ教材にする」というのは、分量に制限がある紙の教材ではなく、分量に制限がないウェブ教材にして、いろいろな言語で詳しい説明を付けたり、多くの練習問題を提供できるようにしたりするということである。

　ウェブ教材であれば、教材の修正を簡単に行うことができる。説

明や練習問題の追加も、いつでもできる。学習者の意見を聞きながら教材の改訂を繰り返すことも難しくない。

5. 文章に書かれている内容と表現の研究

　ここまでの2.から4.で述べた方針に従って個々の教材を作成するためには、1.で述べたように、(54)から(56)の研究が必要である。それぞれの研究について、この5.とこの後の6.と7.で説明する。

(54)　文章に書かれている内容と表現の研究
(55)　学習者が日本語を読む難しさの研究
(56)　読解教材の構成と内容を設計する研究

　(54)の「文章に書かれている内容と表現の研究」というのは、学習者が読むことが多い文章でどのような内容がどのような表現で書かれているのかを明らかにする研究である。
　この研究は、学習者はその文章から何を理解する必要があるのかを考えた上で、それを理解するためにはどのような表現を知っておく必要があるのかを明らかにするために行う。
　たとえば、日本で食品を買うときに、原材料や添加物を知るために食品の表示を読みたい人がいる。豚肉が使われている食品を避けたり、添加物が多く使われている食品を避けたりするためである。
　食品の表示を読む教材を作成するために、実際にどのような表現が使われているかを調査すると、豚肉であれば(57)のような表現が使われ、うま味調味料であれば(58)のような表現が使われていることがわかる。それぞれのa.は食品の表側に書いてある商品名や商品の説明で使われている表現であり、b.は食品の裏側に書いてある食品表示で使われている表現である。

(57)　a.　ポークカレー
　　　 b.　豚肉

(58) a. 化学調味料不使用
　　　b. 調味料（アミノ酸等）

　このような調査によって学習者が読むことが多い文章にどのような内容がどのような表現で書かれているのかが明らかになれば、実際に読解に役立つ教材を作ることができる。
　どのような表現が使われているのかという調査では、日本語の書きことばのコーパスを利用できる。ただし、食品の表示やメール、SNSのテキスト、学術論文など、コーパスには収録されていない文章も多い。使われる表現は文章の種類によって違うため、コーパスがあまり役立たないこともある。
　なお、この「文章に書かれている内容と表現の研究」は、次の6.で述べる「学習者が日本語を読む難しさの研究」の結果を十分に考慮して進める必要がある。学習者にとって読解が難しい部分を中心にどのような内容がどのような表現で書かれているのかを明らかにすることが重要だからである。

6.　学習者が日本語を読む難しさの研究

　2.から4.で述べた方針に従って個々の教材を作成するためには、「学習者が日本語を読む難しさの研究」も必要である。
　この研究は、学習者が読解でどのような部分の意味を適切に理解できないのかを明らかにするものである。
　この研究は、(59)から(61)の方法で行うのがよい。

(59)　学習者に自分が読みたい日本語の文章を選んでもらう。
(60)　学習者にその文章を読んでもらいながら、同時に、読みとった内容や読みながら考えたこと、理解できないところなどを自分の母語で話してもらう。
(61)　学習者がどう理解したのかがよくわからないときや、どうしてそのように理解したのかがわからないときは、それを確認

するための質問を学習者の母語で行い、答えてもらう。

　このような調査をすると、上級レベルの学習者でも「ではないか」の意味を適切に理解するのが難しいというようなことがわかる。たとえば、(62)の「必ずしも魅力的ではないためではないか」は「必ずしも魅力的ではないためだろう」という意味である。しかし、調査をすると、中国語を母語とする上級学習者はここが二重否定になっていると考え、「魅力的である」という意味だと理解した。

(62)　しかしながら、現実に共同物流が継続して実施されている業界は、必ずしも多くはない。その理由は、共同物流がそれを継続して利用する企業にとって見れば、必ずしも魅力的ではないためではないか、と考えられる。

(「共同物流事業の成長メカニズム」)

　このように調査したデータとしては、「日本語非母語話者の読解コーパス」がある。こうしたコーパスのデータを分析するだけでも、学習者にとって何が難しいのかが、ある程度は明らかになる。
　このような調査から学習者は何を読むときに何を理解するのが難しいのかが明らかになれば、教材作成では学習者にとって読解で難しいことを中心に目標や説明、練習を考えればよいことになる。

7. 読解教材の構成と内容を設計する研究

　2.から4.で述べた方針に従って個々の教材を作成するためには、「読解教材の構成と内容を設計する研究」も必要である。
　この研究は、5.の「文章に書かれている内容と表現の研究」や6.の「学習者が日本語を読む難しさの研究」の結果から、どのような構成や内容を持った教材を作成すればよいのかを考える研究である。
　たとえば、自分に必要な情報を探し出す「スキャニング」という技術については、次のようなことを考えることになる。

スキャニングはこれまでの読解教材でも扱われることがあったが、紙に書かれたものを読むことを前提にしていた。これから必要になるのは、電子機器を使って読むときのスキャニングである。

電子機器を使ったスキャニングでは検索機能を使うため、どのような語句で検索するかが重要になる。しかし、検索機能の仕様は変化するので、「いつでもこのような語句で検索すればよい」という正解はない。

たとえば、グルメサイト「食べログ」のクチコミを見て、人気のあるラーメン店でどれくらい待つことになりそうかを調べるとする。

現在の仕様ではすべてのクチコミの全文を1画面に表示することはできなくなっているので、このサイトの「口コミ検索」を使うのがよい。以前は「待」で検索すると「30分ほど待って入店です」のようなものも出てきたが、現在はそのようなものはまったく出てこない。「待ち」や「待って」で検索する必要がある。

読解教材でも、検索する語句の候補を考えた上で、それらの語句で実際に検索した結果を見ながら、どのような語句で検索すればよいかを見つける技術を習得できるようにする必要がある。

具体的には、グルメサイトのクチコミで特定のラーメン店の待ち時間を調べるという設定であれば、最初に(63)の問題をしてもらう。この段階の正解とその理由は(64)である。

(63) 「待」と「待ちました」のどちらで検索するのがよい可能性が高いですか。

(64) 「待」:「待」であれば「待ち時間」や「待って入店」なども検索されるので。(「期待して」なども検索されるが。)

次に、(65)の問題をしてもらう。

(65) 実際のサイトで「待」と「待ちました」で検索すると、どちらのほうが待ち時間の情報がたくさん出てきますか。

ここで「待」で検索しても「待ちました」が出てこない場合は、

文字単位で検索する仕様になっていないのだと判断できる。

　その場合は、「待ち」で検索すると「待ち時間」が出てくるかどう
かを確認するなどして、どのような語句で検索するのがよいのかを
決めていく方法を習得できるようにする。

　また、「待ち」などで検索して出てきた文を見て、そのような文で
は「分」や「人」「並び」「並んで」などといっしょに使われていること
とが多いことを見つけ、それらの語句で検索しながら、どのような
語句で検索するのがよいのかを決める問題も作る。

　このような教材の構成と内容を設計する研究のほかに、教材を作
成した後には、学習者に作成した教材を試用してもらい、フィード
バックを得ることも必要である。学習者から得たフィードバックを
参考にして、教材の構成や内容を修正するためである。

　なお、5.から7.で示した研究に基づいて作成された教材として
「日本語を読みたい！」がある。「薬の袋」「ホテル検索サイト」「通商
白書」「人的資源関連の研究論文」といったウェブ教材が公開されて
いる。

8. まとめと今後の課題

　ここまでに述べたことをまとめると、次のようになる。

　日本語コミュニケーションのための読解教材作成の基本方針は、
(66)から(68)のようなものである。

(66)　現実的な状況設定：「実際に読むことがある文章を使う」「実
　　　際に使われている語彙・文型・表記を使う」「実際に読むとき
　　　の機器で読んでもらう」という方針で、状況設定を現実的な
　　　ものにする。

(67)　明確な目標設定：「具体的な目標を示す」「すべてを理解する
　　　ことを目標にしない」「辞書を使って読むことを前提にする」
　　　という方針で、目標設定を明確なものにする。

(68)　読解技術の明示：「具体的な読解技術を示す」「辞書の使い方

や推測のしかたなども示す」「いろいろな言語で説明がある
ウェブ教材にする」という方針で、読解技術を明示する。

　また、このような方針に従って個々の教材を作成するために必要
な研究は、(69)から(71)のようなものである。

(69)　文章に書かれている内容と表現の研究：学習者が読んで理解
　　　できないことを中心に、どのような文章にどのような内容が
　　　どのような表現で書かれているのかを調査する。
(70)　学習者が日本語を読む難しさの研究：文章を読んでどう理解
　　　したのかを学習者の母語で話してもらう調査を行い、どのよ
　　　うな部分の意味を適切に理解できないのかを明らかにする。
(71)　読解教材の構成と内容を設計する研究：(69)と(70)の調査結
　　　果をもとに、実際の読解に役に立つ教材を作成する。また、
　　　作成した教材を試用してもらい、その結果をもとに改善する。

　今後の課題としては、(72)と(73)がある。

(72)　教材作成の推進：ここで示した方針による教材作成は「日本
　　　語を読みたい！」で始まってはいるが、数が少ない。さまざ
　　　まな教材の作成を進める必要がある。
(73)　教材作成のための研究の推進：学習者が読解をするときの難
　　　しさや、辞書の使い方、読んでわからないときの推測のしか
　　　たについての研究を中心に、教材作成のための研究を進める
　　　必要がある。

　日本語の読解教材は、これまでさまざまなものが作成されてきた。
読解教材の作成についての研究も盛んで、平高史也・舘岡洋子
(2012)をはじめ、特定の教材の作成過程を述べたものが多い。そ
うした研究では、読む文章の選定や、その文章で使われる語彙や文
型、そしてその文章の内容についての話し合いなどを含む練習問題
について述べているものが多い。

しかし、ここで示したような読解技術を重視した読解教材の作成に関わる研究は、野田尚史・小西円・桑原陽子・穴井宰子・中島晶子・村田裕美子(2017)や桑原陽子(2017)など、数が限られている。そのため、ここで示したような読解教材を作成するためには、多くのことを新たに考えながら教材作成を進めていく必要がある。

(野田尚史)

調査資料

「朝起きられないことについての質問です。……」, YAHOO! 知恵袋［https://detail.chiebukuro.yahoo.co.jp/qa/question_detail/q10240864655］

「朝起きれない…絶対目覚めたい日におすすめの方法」, Shop Japan［https://www.shopjapan.co.jp/good-sleep-labo/article/035/］

「観光地の魅力度評価―魅力ある国内観光地の整備に向けて―」, 室谷正裕, 『運輸政策研究』1 (1): pp. 14–24, 運輸政策研究所, 1998［https://www.jstage.jst.go.jp/article/tpsr/1/1/1_TPSR_1R_02/_pdf/-char/ja］

「共同物流事業の成長メカニズム」, 下村博史, 『日本物流学会誌』15: pp. 145–152, 日本物流学会, 2007［https://doi.org/10.11285/logisticssociety1995.2007.145］

『できる日本語準拠　たのしい読みもの 55　初級＆初中級』, できる日本語教材開発プロジェクト, アルク, 2013

「日本語非母語話者の読解コーパス」, 野田尚史他, 2017–［http://www.nodahisashi.org/jsl-rikai/dokkai/］

『日本語を学ぶ人のための「上級読解」入門』, 仙波千枝, 国書刊行会, 2015

「日本語を読みたい!」, 野田尚史他, 2017–［https://www.nihongo-tai.com/japanese/yomu/］

『みんなの日本語　初級 II　第2版　本冊』, スリーエーネットワーク編, スリーエーネットワーク, 2013

『メタ認知を活用したアカデミック・リーディングのための 10 のストラテジー』, グループさくら, 凡人社, 2019

『読む力　初中級』, 竹田悦子・久次優子・丸山友子・矢田まり子・内田さつき編, くろしお出版, 2020

『留学生のための読解トレーニング―読む力がアップする 15 のポイント―』, 石黒圭編, 凡人社, 2011

参考文献

桑原陽子(2017)「初級読解教材作成を目指した非漢字系初級学習者の読解過程の分析」『国立国語研究所論集』13: pp. 127–141. 国立国語研究所［http://doi.org/10.15084/00001375］

佐野裕子(2016)「日本語初中級読解教材の分析―説明文の改変のパターンの場合」『京都橘大学研究紀要』42: pp. 57–71. 京都橘大学研究紀要編集委員会［http://id.nii.ac.jp/1190/00000290/］

佐野裕子(2017)「日本語初中級読解教材の分析―エッセイ・物語の改変のパターンの場合」『京都橘大学研究紀要』43: pp. 89–106. 京都橘大学研究紀要編集委員会［http://id.nii.ac.jp/1190/00000356/］

野田尚史・小西円・桑原陽子・穴井宰子・中島晶子・村田裕美子(2017)「実生活に役立つ初級日本語読解教材の作成と試用」『ヨーロッパ日本語教育』21: pp. 44–61. ヨーロッパ日本語教師会［http://eaje.eu/pdfdownload/pdfdownload.php?index=60-77&filename=panel-noda-konishi-kuwabara-anai-nakajima-murata.pdf&p=venezia］

平高史也・舘岡洋子(2012)『読解教材を作る』(日本語教育叢書「つくる」)スリーエーネットワーク

安井朱美・井手友里子・土居美有紀(2014)「中級日本語読解教材の書き換えにおける一考察―リーダビリティスコアと日本語教師の評価を基に」『南山大学国際教育センター紀要』15: pp. 23–37. 南山大学国際教育センター［https://office.nanzan-u.ac.jp/ncia/about-cia/item/pdf_15/kenkyu_02.pdf］

第 2 部

薬の表示

を読む教材

薬の表示に書かれている内容と表現

1. 概要

　医師の処方箋に基づいて調剤された薬は、薬の説明書といっしょに薬の袋に入れて渡される。薬の表示とは、薬の袋と薬の説明書に書かれている内容を指す。薬の表示には、その薬がどのような症状に効くか、いつどのぐらい薬を飲むか、どんな副作用の可能性があるかなどが書かれている。それらの情報がどのような表現で書かれているかを調べるため、薬の袋100枚と薬の説明書50枚を収集し、書かれている内容とその表現について分析した。薬の袋と薬の説明書に書かれている主な内容は、それぞれ(1)と(2)である。

(1)　　薬の袋：薬の種類、薬の用法・用量
(2)　　薬の説明書：薬の用法・用量、薬の効能・効果、副作用、注意事項

　(1)については2.で、(2)については3.で、実際の例を示しながら説明する。

2. 薬の袋に書かれている内容と表現

　図1は薬の袋の例である。上から順に、薬を調剤した日、薬の種類、患者の名前、薬の用法・用量、調剤した薬局の名前と連絡先が書かれている。

```
                                    2022年4月5日


                    内用薬


            ソフィア　エレナ　コスタ　様


            ┌─────────────────────────┐
            │                                         │
            │    1日　3回　　14日分        │
            │    朝・昼・夕食後                │
            │                                         │
            │    1回　　錠剤　　2錠        │
            │    　　　カプセル　1個        │
            │                                         │
            └─────────────────────────┘


                    佐藤薬局
            東京都杉並区阿佐ヶ谷北7-2-3
                電話：03-2355-0306
```

図1：薬の袋の例

　薬の袋に書かれている内容のうち、薬を適切に服用するために知っておくべきことは次の(3)と(4)である。

(3)　　薬の種類
(4)　　薬の用法・用量

　これらの内容が具体的にどのような表現で書かれているか、(3)については2.1で、(4)については2.2で説明する。
　薬の袋には、全部が印刷されたものと、一部が手書きのものの2つのタイプがある。2つのタイプの薬の袋には同じ内容が書かれているが、書き方が異なる。全部が印刷されている薬の袋に書かれて

いる内容と表現について2.1と2.2で述べた後、一部が手書きの薬の
袋にどのように書かれているかについて2.3で説明する。

2.1 薬の種類

　薬の種類を表す表現は、飲む薬なのか、飲まない薬なのかで異な
る。飲む薬とは、水やぬるま湯で飲む錠剤、カプセル、粉薬などの
薬のことである。飲まない薬とは、体に貼ったり、皮膚に塗ったり
するような薬のことである。
　飲む薬の場合は、(5)から(8)のような表現を使って薬の種類が表
されている。このうち(5)から(7)は、決まった時間にくり返して
飲む薬であることを表している。(8)の「頓服薬」は、発作のとき
や症状がひどいときに飲む薬であることを示している。

(5)　　内用薬
(6)　　内服薬
(7)　　のみぐすり
(8)　　頓服薬

　飲まない薬の場合は、「外用薬」と書かれていて、次のようなさま
ざまな薬がある。皮膚につけるぬり薬、体のどこかに貼る湿布薬や
貼り薬、目にさす点眼薬、鼻に薬の液をスプレーしたり滴下する点
鼻薬、耳に薬の液を滴下する点耳薬、肛門から薬を挿入する座薬、
薬を霧状にして口から吸い込む吸入薬、口にふくんで口やのどをす
すぐうがい薬などである。

2.2 薬の用法・用量

　薬の用法・用量に使われる表現は、飲む薬なのか、飲まない薬な
のかにより異なる。「内用薬」「内服薬」「のみぐすり」と書かれた飲
む薬は、決まった時間に飲み続ける薬なので、薬の袋には1日に何
回薬を飲むか、何日分の薬が入っているか、いつ薬を飲むか、1回

にどのぐらいの量の薬を飲むかが書かれている。

　1日に何回薬を飲むかは、「1日3回」のように「1日」の後に数字と「回」の組み合わせで表されている。何日分の薬が入っているかは、「14日分」のように数字と「日分」の組み合わせで書かれている。

　いつ薬を飲むかは、食事の前後、夜寝る前、朝起きた後を表す表現を使って書かれていることが多い。

　食事の後に薬を飲む場合は、(9)や(10)のように、「朝・夕食」や「毎食」などの食事を示す表現の後に「後」と書かれている。収集した薬の袋の90%以上で、薬を飲む時間として食事の後が指定されていた。

(9)　　朝・夕食後
(10)　毎食後

　食事の前に薬を飲む場合は、食事を示す表現の後に「前」と書かれている。食事を示す表現としては、「朝食」「昼食」「夕食」「毎食」などの漢字語が使われており、日本語の初級の教科書に出てくる「朝ごはん」や「晩ごはん」などの表現は使われていない。

　夜寝る前に薬を飲む場合は、(11)から(13)の表現で示されている。

(11)　就寝前
(12)　ねる前
(13)　寝前

　朝起きた後に薬を飲む場合は、「起床時」と書かれている。薬を数時間ごとに飲む場合は、「4時間ごと」や「6時間毎」のように、時間を表す表現の後に「ごと」「毎」「おき」のうちのどれかが書かれている。

　発作のときや症状がひどいときに飲む頓服薬は、(14)や(15)のように「時」の前にどんな症状のときに飲むかが書かれている。

(14)　発作時

（15）　痛む時

　1回にどのぐらいの量の薬を飲むかは、たいてい「1回に」または「1回」という表現の後に書かれている。薬の量は、錠剤、カプセル、粉薬の3つの形状に分けて書かれている。
　錠剤の場合は、(16)のように数字と「錠」という漢字の組み合わせで表されている。

（16）　錠剤　2錠

　カプセルの場合は、(17)のように数字と「個」という漢字の組み合わせで示されている。

（17）　カプセル　1個

　粉薬の場合は、「散剤」「こな薬」「こなぐすり」という表現が使われている。粉薬をどのぐらい飲むかは、それらの表現の後に、(18)から(20)のように数字と「包」という漢字の組み合わせで表されている。

（18）　散剤　1包
（19）　こな薬　1包
（20）　こなぐすり　1包

　「外用薬」と書かれた飲まない薬の多くは、決まった時間にくり返し使用するものではない。したがって、飲まない薬の用法・用量は、飲む薬ほど詳しく書かれていないことが多い。(21)と(22)は、外用薬が入った薬の袋に書かれている用法・用量の例である。

（21）　医師の指示通り
（22）　かゆいとき

2.3 一部が手書きの薬の袋に書かれている薬の用法・用量

薬の袋には、全部が印刷されたもののほかに、一部が手書きのものがある。一部が手書きの薬の袋のほとんどの部分は、あらかじめ印刷されていて、手書きされるのは、数字、○印、チェックマークなどに限られる。以下では、手書きの数字の例、○印の例、○印とチェックマークの例をあげる。

手書きの数字は、1日に何回飲むかと、何日分の薬が入っているかを示すときに使われている。1日に何回飲むかは、あらかじめ印刷された「1日」と「回」の間に数字を手書きして表されている。たとえば、1日に3回飲む場合は、「1日」と「回」の間に数字の「3」を手書きして「1日3回」と表されている。何日分の薬が入っているかは、あらかじめ印刷された「日分」の前に数字を手書きして表されている。たとえば、7日分の薬が入っている場合は、「日分」の前に数字の「7」を手書きして「7日分」と表されている。

また、図2のように、1回にどのぐらいの量の薬を飲むかも手書きの数字で示されている。図2では、「錠剤」「カプセル」「散剤」という薬の形状があらかじめ印刷されている。その中で、手書きで数字が書き加えられているのは、「錠剤」と「散剤」だけなので、錠剤を「1錠」、散剤を「1包」、合わせて「2種類」の薬を飲むということが示されている。「カプセル」のところに数字が手書きされていないのは、この薬の袋にはカプセルが入っていないからである。このように、あらかじめ印刷された表現の中で、数字が手書きされたところだけがこの薬の用法・用量を示す部分である。

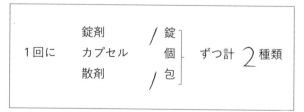

図2：手書きの数字で服用量が示されている例

図3は、○印でいつ薬を飲むかが表されている例である。薬を飲む時間として、「朝」「昼」「夕」「食前」「食間」「食後」、さらに「就寝前」「（　）時間毎」があらかじめ印刷されている。その中で、「朝」「夕」「食後」に○印がついているので、それらの表現を組み合わせて、朝食後と夕食後の1日2回薬を飲むということが示されている。

図3：○印で服用時間が示されている例

　図4は、○印で1日に何回薬を飲むかと、いつ薬を飲むかが示された例である。「1日3回」と「毎食」「後」に○印がついているので、朝食後、昼食後、夕食後の1日3回薬を飲むということが示されている。

のみかた	◯ 1日3回	毎食	前	間	後
	1日4回　食後とねる前				
	1日2回　朝　夕				
	1日1回				
	1日　回　時間毎に				

図4：○印で1日の服用回数と服用時間が示されている例

　図5は、○印とチェックマークの組み合わせで薬を飲む時間が示されている例である。この例では、「食後」にチェックマーク、「朝」に○印がついているので、これらを組み合わせて朝食後に飲むことが表されている。さらに「ねる前」にも○印がついているので、朝食後と寝る前の1日2回薬を飲むということが示されている。

	食後	✓	
食前	(朝) ・ 昼 ・ 夕 ・ (ねる前)
食間	

図5：チェックマークと○印で服用時間が示されている例

　このように、一部が手書きの薬の袋には、あらかじめ印刷された表現に、手書きの数字、○印、チェックマークなどを書き加えて薬の用法・用量が表されている。手書きされていないところは、この薬の袋に入っている薬の用法・用量には該当しないので、手書きされたところだけを組み合わせて読む。

3. 薬の説明書に書かれている内容と表現

　薬の袋には、薬といっしょに薬の説明書が入っている。図6は薬の説明書の例である。

お薬の説明書

色・形	名前・効能・効果	用法・用量			
	ロキソプロフェン錠 60mg	朝	昼	夕	寝前
		1	1	1	
	炎症や痛みなどを抑え、熱を下げる薬	1回1錠 1日3回 毎食後 7日分			
注意事項	◆発疹・かゆみ等の過敏症状が現れた時は、医師または薬剤師にご相談ください。 ◆妊婦または妊娠している可能性がある方はご相談ください。また、授乳中の方は母乳による授乳を控えてください。				

図6：薬の説明書の例

薬の説明書には、薬の名前と写真のほかに(23)から(26)が書かれている。薬の説明書はすべてが印刷されていて、一部が手書きのものはなかった。

(23)　薬の用法・用量
(24)　薬の効能・効果
(25)　薬の副作用
(26)　注意事項

　薬の名前はカタカナで書かれていることが多い。薬ごとに写真があり、複数の薬をもらった場合にも、どの薬の説明なのかがわかるようになっている。
　薬の用法・用量は、全部が印刷された薬の袋と同じ書き方で書かれている。図6では、「1回1錠」「1日3回」「毎食後」「7日分」と書かれている。さらに、図6では「朝」「昼」「夕」の下にそれぞれ「1」という数字があり、朝食後、昼食後、夕食後に薬を1錠ずつ飲むことが表されている。
　そのほかに薬の説明書に書かれている(24)については3.1で、(25)については3.2で、(26)については3.3で例を挙げながら述べる。

3.1 薬の効能・効果

　薬がどんな症状に効くかは、「効能・効果」「効きめ」「薬の作用」「薬のはたらき」「薬効」などと表示された項目に書かれている。表現の特徴としては(27)や(28)のように「薬」や「お薬」を修飾する名詞修飾節を使って書かれていることが多い。「薬」や「お薬」の前に、薬がどんな症状に効能・効果があるかが書かれている。

(27)　熱、痛み、鼻水、鼻づまりなどの風邪の諸症状を改善する薬
(28)　痛みや炎症を抑え、熱を下げるお薬です。

　薬が特定の症状をよくしたり、症状を軽くする効果がある場合は、

(29)から(33)のように「改善する」「抑える」「鎮める」「和らげる」「下げる」などの動詞の前にどんな症状に効果があるかが書かれている。

(29)　気管支喘息、慢性気管支炎などの肺や気管支の症状を<u>改善する</u>薬です。

(30)　細菌の感染を<u>抑える</u>薬です。

(31)　咳を<u>鎮める</u>薬です。

(32)　かゆみを<u>和らげる</u>お薬です。

(33)　コレステロールを<u>下げる</u>薬です。

3.2 薬の副作用

　薬は特定の症状を改善する働きがある一方で、体に望ましくない影響を与えることがある。薬の説明書には、そのような副作用が起こる可能性があることが書かれている。副作用の説明には、(34)や(35)のように、文末に「起こることがあります」や「現れる場合があります」などの可能性を示す表現が使われていることが多い。それらの表現の前に、どんな副作用が現れる可能性があるかが書かれている。

(34)　眠気、発疹、胃もたれ、胸やけ、胃の痛み、口のかわきなどが<u>起こることがあります</u>。

(35)　下痢、腹痛、胃の不快感、吐き気等が<u>現れる場合があります</u>。

　どんな副作用が現れたときに、医師や薬剤師に相談するかが書かれていることもある。(36)や(37)のように、文末に「ご相談ください」や「ご連絡ください」と書かれていて、その前に「現れた」があれば、「現れた」という表現の前にどんな副作用が起こる可能性があるかが書かれている。

(36)　発疹、痒み等の過敏症が<u>現れたら</u>、医師または薬剤師に<u>ご相</u>

談下さい。

(37) むくみ、血圧上昇、体重増加、脱力感、けいれんなどが現れた場合はご連絡ください。

　また、持病や基礎疾患のある人など、副作用の現れる可能性が高い人には、薬を服用する際にあらかじめ医師や薬剤師に相談するように書かれていることが多い。(38)と(39)のように、文末に「お伝えください」や「ご相談ください」があり、その前に「方」と書かれている場合、「方」の前にどのような人に対する副作用の可能性を示しているかが書かれている。

(38) 喘息やアレルギー、持病のある方は医師にお伝えください。
(39) 妊娠または妊娠している可能性のある方は医師または薬剤師にご相談ください。

　薬を服用中は薬の副作用が現れることがあるので、日常生活でしない方がいいことが書かれていることもある。どんなことをしない方がいいかは、(40)から(42)のように「ご注意ください」「控えてください」「避けてください」などの表現の前に書かれている。

(40) 車の運転や機械の操作にはご注意ください。
(41) 授乳中の方は、母乳による授乳を控えてください。
(42) 危険を伴う作業や高所での作業は避けてください。

3.3 注意事項

　薬の説明書には、薬の飲み方の注意、他の薬との飲み合わせの注意、薬の保管方法などが書かれている。
　薬の飲み方の注意は、(43)や(44)のように「服用してください」という表現の前に書かれている。

(43) 噛まずに服用してください。

（44）　空腹時を避けて服用してください。

　どんな飲み物で薬を飲むのがいいかは、(45)のように「飲んでください」という表現の前に書かれている。

（45）　コップ1杯の水またはぬるま湯で飲んでください。

　どんな飲み物で薬を飲んではいけないかは、(46)のように「服用しないでください」という表現の前に書かれている。

（46）　コーヒー、緑茶、コーラなどと一緒に服用しないでください。

　薬の飲み合わせの注意というのは、薬を服用中に他の薬を飲むと、体によくない影響が出る可能性があるので注意が必要だということである。他に薬を飲んでいる人は、飲み合わせの問題があるかもしれないので、あらかじめ医師や薬剤師にそのことを伝えるように書かれていることが多い。(47)のように「飲み合わせ」と書かれていたり、(48)のように「組み合わせ」と書かれている場合は、薬の飲み合わせの注意が必要だということを表している。

（47）　他の薬との飲み合わせに注意が必要です。使用している薬のある方は医師にお伝えください。

（48）　組み合わせに注意が必要な場合があります。他の医療機関で診察を受けたり、薬局で薬を購入する際には、この文書を見せて下さい。

　薬の保管方法については、(49)や(50)のように、「保管」または「保存」という表現の前にどこに、どのように薬を保管すればいいかが書かれている。

（49）　光の当たらない涼しい所に保管して下さい。

（50）　湿気を避けて保存してください。

4. まとめ

　薬の袋と薬の説明書に書かれている内容および表現をまとめると、次のようになる。

(51)　薬の袋には、薬の種類、薬の用法・用量が書かれている。飲む薬は「内用薬」や「内服薬」などと書かれていて、飲まない薬は「外用薬」と書かれている。1回にどのぐらいの量を飲むかは、錠剤の場合は数字と「錠」、カプセルの場合は数字と「個」、粉薬の場合は数字と「包」の組み合わせで表されている。薬を飲む時間は、食事を示す表現の後に「後」や「前」と書かれていることが多い。薬の袋の中で一部が手書きのものは、あらかじめ印刷された表現と、手書きで書かれた数字、〇印、チェックマークの部分を組み合わせて、薬の用法・用量が示されている。

(52)　薬の説明書には、薬の用法・用量、薬の効能・効果、副作用、飲み方や飲み合わせの注意などが書かれている。薬の効果・効能は、「薬」や「お薬」を修飾する名詞修飾節に書かれている。薬の副作用の説明は、「起こることがあります」や「現れる場合があります」という可能性を示す表現の前に書かれていることが多い。

　薬の袋と薬の説明書には、以上述べたような表現を使って、薬を安全かつ適切に使用するために必要な情報が書かれている。

（山口美佳）

学習者が薬の表示を読む難しさ

1. 薬の表示を読む難しさの概要

　薬の表示とは、薬の用法・用途、注意事項などが書かれたもののことで、病院で処方された薬が入っている袋の表に書いてある場合もあれば、説明書として渡される場合もある。薬の表示から薬の用法が正しく読めることは、健康的な生活を送るために不可欠であり、日本語を読む力が十分かどうかにかかわらず、日本で生活しているすべての日本語学習者にとって必要である。では、日本語学習者が薬の表示を読むときに、どのような難しさがあるのだろうか。

　このことを明らかにするために、日本語学習者に薬の表示を読んでもらい、薬の表示を読む難しさとその要因を探った。薬の表示を読んでもらったのは日本語を読む力が入門期から初級で、母語の表記に漢字を使用しない非漢字系の学習者である。

　薬の表示の中で必ず読みとらなければならない情報は、薬を1日何回いつどれだけ飲むかといった薬の用法に関わるものである。それらの情報について学習者がどう読んだかを中心にデータを分析した結果、薬の表示を読む難しさの要因は、（1）から（3）であった。

(1)　日本において一般的な薬の用法に関する知識の不足
(2)　日本において一般的な薬の表示の書式に関する知識の不足
(3)　薬の表示に用いられる表現に関する知識の不足

　（1）については3.で、（2）については4.で、（3）については5.で詳しく述べる。

　なお、分析対象のデータは桑原陽子(2017)で収集したものである。

2. 調査概要

2.1 調査対象者

　調査対象者は、母語の表記に漢字を使用しない非漢字系日本語学習者19名である。学習者の日本語を読む力は全員が入門を含む初級レベルである。調査時点の学習者が持っていた日本語の文字についての知識は(4)のとおりである。

(4)　　ひらがな：ほとんど読める15名、だいたい読める4名
　　　　カタカナ：ほとんど読める11名、だいたい読める2名、あまり読めない4名、ほとんど読めない2名
　　　　読める漢字の数：
　　　　　　　　200字以上3名、100〜200字1名、50〜100字6名、10〜50字2名、10字以下6名、0字1名

　19名の学習者の母語は、(5)のとおりである。

(5)　　英語7名、スペイン語3名、フィリピノ語2名、フランス語2名、モンゴル語2名、ラオス語1名、マダガスカル語1名、ドイツ語1名

2.2 調査方法

　調査に使用した薬の表示は、薬の説明書と薬の袋が2種類ずつである。図1は薬の説明書の例で、図2は薬の袋に書かれた薬の表示の例である。図2の薬の袋の表示は、あらかじめ袋に薬の用法が印刷されていて、そこに手書きで必要な数字を書き込んだり○をつけたりするものである。薬の袋に薬の表示が書かれる場合、図2のように手書きで必要な情報を書き込むタイプと、「1回1錠　1日3回毎食後」のように印刷されていて手書きによる書き込みが必要ないタイプがある。調査では図2のような「手書きタイプ」を使用した。

くすりの名前	色・形	用法・用途	効能・効果
アダラートL錠 10mg	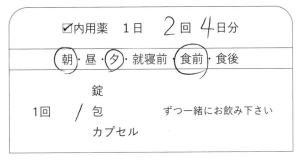	1回1錠 1日2回 朝・夕食後 14日分	・心臓へ酸素や栄養を供給している冠血管を広げる薬です。 ・抹消の血管を広げて血圧を下げるお薬です。

図1：調査に使われた薬の説明書の例

☑内用薬　1日　2回　4日分

㊙朝・昼・㊙夕・就寝前・㊙食前・食後

	錠	
1回	/ 包	ずつ一緒にお飲み下さい
	カプセル	

図2：調査に使われた薬の袋の「手書きタイプ」の表示の例

　調査では、学習者に薬の表示を1つずつ見せて、どこに何が書かれていると思うかを詳しく聞いた。図1のような薬の説明書を見せたときは、薬の表示について質問する前に、「病院で薬をもらったら薬といっしょにこのような紙がついていました」と説明をした。図2のような薬の袋の表示を見せたときには、「病院で薬をもらったらこんな袋に入っていました」のように説明した。

　インタビューは調査対象者の母語または英語で行った。日本滞在が長く、日本語を読む力は初級レベルだが日本語での会話に問題がない者に対しては、日本語でインタビューを行った。

3. 薬の用法に関する知識の不足

3.では、日本において一般的な薬の用法に関する知識の不足が原因で、薬の表示から正しく情報を読みとれないことについて詳しく述べる。

薬の表示を読む難しさの要因として、自国の一般的な薬の用法が日本と異なっており、日本で一般的な薬の用法についての知識が十分でないことがある。

特に、薬の服用時間に関しては、学習者のコメントから、学習者が一般的だと思っている薬の服用時間が必ずしも日本の一般的な薬の服用時間と一致していないことがうかがえる。たとえば、フランスやマダガスカルの学習者によると、これらの学習者の国では、日本ではほとんど見られない「食事中に服用」が一般的であるという。また、ペルーの学習者は「食前に服用することがかなり多い」とコメントしている。

薬をいつ飲むかを表示から読みとろうとするときに、「薬の服用時間として日本で一般的なのは食前か食後あるいは就寝前である」という知識がないと、薬の表示に何と書かれているかについて予測しながら読むことが難しい。特に、服用時間は「毎食後」「朝」「就寝前」のように漢字で表記されることがほとんどである。そのため、それらの漢字が十分理解できない学習者は、日本の薬の用法に関する知識に頼って情報を読みとる必要があり、そうした知識がなければ情報の読みとりは難しい。自国で一般的な薬の用法についての知識しか持っておらず、薬の表示が正しく読めなかった例を2例示す。

(6)は薬の袋に書かれた服用時間の指示である。「朝・昼・夕」と「食後」が○で囲まれ、「朝食後、昼食後、夕食後」の3回飲むことが指示されている。

(6)

朝・昼・夕

食前
食後
食後2時間

(6)を読んだペルーのスペイン語話者は、「朝」「昼」「食」「前」の4つの漢字をすでに学習して知っており、その知識を使って「夕」と「食前」「食後」の意味を正しく推測した。しかし、「食後2時間」については、最初の2文字「食後」がすぐ上に書いてある「食後」と共通しているにもかかわらず、それを手がかりにして分析的に文字から情報を得ることができず、「食事中」と誤った推測をした。このように誤った推測をした背景には、自国では一般的である「食事中に服用」という指示が日本ではほとんど見られないことを知らなかったことがある。

　次の(7)は薬の説明書に書かれた用法の指示である。「朝」「昼」「夕」は食事を指しており、薬を飲むのが食事の前か後かは、表の下に書かれた「1日2回朝夕食後」から読みとる必要がある。

(7)

朝	昼	夕	寝前
1		1	
			錠

1日2回朝夕食後

　マダガスカルのマダガスカル語話者は、表中の「朝」と「夕」の下の「1」から、朝と夕方に飲むのだろうということは正しく推測できたが、表の下の「1日2回朝夕食後」が理解できなかった。そのため、薬を飲む時間については、朝と夕方の「食後」ではなく、自国で一般的な「食事中」と結びつけようとした。

　一方、限られた経験に基づいた思い込みがあり、正しく読めなかった例もある。(8)は、薬の袋に書かれた用法である。

(8)　1日3回14日分

　ペルーのスペイン語話者は、(8)の「3回」については「3日分」と推測し、「14日分」については「14個」と推測した。この学習者は日本滞在期間が長く、子どもがよく医者にかかるので、日本の病院で薬をもらった経験は十分にあった。しかし、この後のインタビ

ューから、この学習者には、1回の処方で14日分の薬をまとめてもらうことはできないという誤った思い込みがあったことがわかった。いつも医者が出す薬が3日分だったからで、そのために「14日分」の「14」が何を表す数字なのかがわからなかった。

4. 薬の表示の書式に関する知識の不足

　4.では、薬の表示の書式に関する知識不足が原因で、薬の表示から正しく情報が読みとれないことについて詳しく述べる。ここで言う書式とは、表示全体のレイアウトに関わるもののほか、薬の表示に特徴的な個々の情報の書き表し方も含む。

　調査で使用された日本の薬の表示が自国と大きく異なるというコメントは、マダガスカル、ペルー、フランス、ドイツといった複数の学習者から得られた。その中で目立つのは、自国の薬の表示は医者による手書きのメモのようなもので、日本のようにきちんと印刷されたものではないというものである。たとえば、フランスのフランス語話者とペルーのスペイン語話者によると、彼らの国では普通は医者が手書きで小さい紙に書いて直接患者に渡すが、その手書きの表示は悪筆で読みづらく、患者には読めないことも多いという。

　日本ではごく一般的な薬の表示のレイアウトが自分の国と大きく異なっていると、学習者は何を手掛かりにどこからどう読めばいいかわからないことがある。書式の違い、書式に関する知識が読みに与える影響については、門倉正美（2007：5）が「視読解」という観点から新聞を例にとり、「紙面をどのような視覚的印象として構成するかというレイアウト（記事や写真、広告の配置、見出しの大きさやフォント等）自体が重要な「視覚的意味」をなしている」と指摘している。

　薬の表示を読む際に、そのような書式に関する知識がないことによってどのような難しさが生じるかについて、薬の説明書と薬の袋の手書きタイプに分けて述べる。薬の説明書と薬の袋の手書きタイプとでは、同じ薬の表示でも書式が大きく異なるからである。

4.1 薬の説明書

　薬の説明書は、薬の袋の手書きタイプの表示に比べると表示全体のレイアウトが読みの難しさに与える影響は小さい。図1のような表にまとめられていることが多く、用法は(9)のように書かれているので、文字からの情報に頼って読むことになる。

(9)　　1回1錠
　　　　1日2回
　　　　朝・夕食後
　　　　14日分

　ただし、すべての薬の説明書が(9)のような書き方ではない。たとえば、(10)のような書式で書かれたものもある。(10)は、1日2回朝食後と夕食後に1錠ずつ服用するという指示で、表中の数字「1」は服用する薬の量を示している。

(10)

朝	昼	夕	寝前
1		1	
			錠

1日2回朝夕食後

　(10)を読んだマダガスカルのマダガスカル語話者は、表の中で「朝」と「夕」の下に「1」が書かれているのが自国の書式と似ているから、朝と夕方の1日2回薬を飲むことが読みとれたと話している。この学習者の国では「1」は飲むことを示し、「0」は飲まないことを示すという。しかし、(10)のような日本の薬の表示では、数字「1」は1回に飲む薬の量を示す。似た書式であるにもかかわらず数字が示すものが異なっていると、誤った読みにつながる可能性がある。

　一方、(10)を読んだモンゴルのモンゴル語話者は、表の下の「1日2回」は読みとれたが、漢字の「朝」「夕」がわからず、いつ薬を

飲むかを読みとることができなかった。また、表中の「1」が何を示しているのかについても、何も推測することはできなかった。

マダガスカルのマダガスカル語話者は、自国の薬の表示の書式との関連づけによって、少なくとも表中の「朝」「夕」が何を示しているのかについては正しく推測することができた。しかし、モンゴルのモンゴル語話者のように書式に関する背景知識がないと、漢字語彙の知識が不十分な学習者にとって何が書かれているかを推測することは難しい。

4.2 薬の袋の手書きタイプの表示

2.2の図2のような薬の袋の手書きタイプの表示は、書式に関する知識がないことが読みの難しさに大きく影響する。ドイツのドイツ語話者は、図2の薬の表示を一目見て「私たちの国にはこういうのがない」「わからない」と読むことをあきらめてしまった。

手書きタイプの表示を正しく読むためには、書式に関する2つの知識が必要である。1つ目は、○で囲まれた部分だけを読むということである。2つ目は、○で囲まれた部分を組み合わせて読むということで、これは明示的に知識として持っていなくても、○で囲まれた語彙の意味がわかれば、組み合わせて読まなければ意味をなさないことに気づく可能性が高い。

たとえば、(11)は○がついている「朝、昼、夕」と「食後」を組み合わせて「朝食後、昼食後、夕食後」と読まなければならない。

(11)

このような読み方を知らなかった学習者の例を2つ挙げる。フィリピンのフィリピノ語話者は(11)について、「その薬を飲むのは、朝は食べる前、昼は食べた後、夜は食べる2時間前である」と説明した。この学習者は、書かれた文字列についてほぼ正しく意味を理

解しており、それらを組み合わせて読むことができている。しかし、○で囲まれた部分だけを読むという知識がなかったため、正しく情報を読みとることができなかった。この学習者は、調査者が○がついていることに注意を向けさせて初めて、○で囲まれたところだけを組み合わせて読むことに気づいた。

　また、ペルーのスペイン語話者は、「朝・昼・夕」は朝昼夜であると正しく推測できた。それは「朝・昼・夕」が3つの単語のセットだからである。それと同じ理由で、「食前・食後・食後2時間」も朝昼夜であると推測した。そして、「朝・昼・夕」と昼にあたる「食後」に○がついていることから、昼だけ2回飲むのではないかと推測している。この学習者は○で囲まれた部分だけを拾って読むことはわかっているが、組み合わせて読むことができなかった。漢字がわからないことも原因の1つだが、それに加えて、「朝・昼・夕」が横一列に並び、「食前」「食後」「食後2時間」が縦に並んでいることや、「{　　」が使われているといった書式にはまったく注意が向いていなかった。この学習者は、インタビューの中で、調査者から○の部分を組み合わせて読むことを聞くまで、そのような読み方をしなければならないことを知らなかった。

5. 薬の表示に用いられる表現に関する知識の不足

　5.では、3.の日本の薬の用法に関する知識不足、4.の薬の表示の書式に関する知識不足以外の難しさの要因として、薬の表示に使われる日本語についての知識不足について詳しく述べる。これは、薬の用法がどのような日本語の表現を使って書かれているかに関するものであり、日本語の語彙や漢字の知識が不足していることによる難しさである。

　(12)は、薬を1日に何回飲むか、1回にどれだけの量を飲むかに関する表現の中で、学習者が特に意味がわからなかったものである。

(12)　回、錠、分

「回」と「錠」はたとえば「1回2錠」のように、「分」は「14日分」のように使われている。(13)は読み誤りがあった薬の表示の例である。

(13)　1日2回4日分

　ドイツのドイツ語話者は(13)について「1日2回4錠飲む」と推測している。

　一方、モンゴルのモンゴル語話者は「1日に2錠を4日」と推測した後、「4日分」の「分」について「1時10分」のように時間を示す漢字であることを手がかりに、「4日分」がいつ飲むかを示しているという誤った推測をした。

　どちらの学習者も、「(13)には薬を1日何回いつどれだけの量を飲むのかが書かれている」と推測しており、それは間違っていない。しかし、漢字部分から意味を推測することが難しいので、数字「1」「2」「4」を「何回飲むか」「どれだけ飲むか」「いつ飲むか」のいずれかと結びつけて解釈しようとして失敗している。何が書かれているかがおおよそ正しく推測できても、漢字語彙の知識とそれらの語彙を使った書き方の規則の知識がなければ正しく情報を読みとることができないことがわかる。

　また、薬の用法を示す表現として一般的な「1日3回」「1回2錠」という書き方は、「数字・漢字・数字・漢字」のように数字と漢字が交互になった4文字のパターンで、どちらも数字「1」で始まっている。2文字目の「日」と「回」は形が似ているので紛らわしい上に、「回」は「1日3回」「1回2錠」の両方に共通して使われている。このように考えると、「1日3回」と「1回2錠」は、書き方の規則を知らない非漢字系の初級学習者にとってはよく似た文字列で、見分けるのは容易ではない。さらに、「錠」は薬の表示以外で使われることがほとんどなく、非漢字系初級学習者にとっては画数が多くて見慣れない難しい漢字である。これらのことから、用法について文字だけから情報を正しく得ることは、日本語母語話者が考える以上に難しいと言えるだろう。19名の学習者のうち、6名の学習者が「1回1

錠」が理解できなかったことも、それを示している。

　次に示す(14)は、薬をいつ飲むかに関する表現の中で、学習者が特に意味を理解することが難しかったものである。すべてひらがなを含まない漢字語彙である。

(14)　寝前、食前、食後、朝・夕食後

　漢字だけで表記されるこれらの単語の中でも、特に「寝前」は単語を構成している漢字の意味がわからなければ、単語としての意味がわからず推測も難しい。薬の用法についての知識や薬の表示の書式についての知識を使って意味を推測するには限界があり、その点で、「朝食」「昼食」「夕食」のように、「部分的に同じ漢字が使われている3つの単語のセット」というような意味推測に役に立つ視覚的手がかりのある単語とは異なる。

　また、食事に関わる「食前」「食後」「朝・夕食後」も、用法や書式に関する背景知識が常に利用できるわけではない。いわゆる初級レベルでは、「朝食」より「朝ごはん」がよく使われ、「食後」は「食べたあと」「ごはんのあと」といった和語で表現されることが多い。服用時間の表記については、初級学習者にとってなじみのない漢字語彙が使われることが読みの難しさの要因である。

6. まとめ

　日本在住の日本語学習者を対象として病院で処方された薬の表示を読む難しさを調査した。結果をまとめると、薬の表示を読む難しさとその要因は、(15)から(17)である。

(15)　日本において一般的な薬の用法に関する知識が不足している。たとえば、日本では薬を食事中に飲むことはほとんどないといった知識である。そのため、薬の用法について書かれていることを正しく推測することができない。

(16) 日本において一般的な薬の表示の書式に関する知識が不足している。たとえば、○がついている「朝」「夕」「食前」を組み合わせて「朝食前・夕食前」のように読まなければならないといった知識である。そのため薬の表示のどこに注目し、どのように読めばよいかがわからない。

(17) 服用時間や服用量などの情報がどのような日本語の表現を用いて表記されているかについての知識が不足している。たとえば、「1回1錠」「就寝前」などの漢字語彙についての知識である。そのため、薬の用法について情報を正確に読みとることができない。

（桑原陽子）

参考文献

門倉正美(2007)「リテラシーズとしての〈視読解〉―「図解」を手始めとして」『リテラシーズ』3: pp. 3–18. くろしお出版

桑原陽子(2017)「初級読解教材作成を目指した非漢字系初級学習者の読解過程の分析」『国立国語研究所論集』13: pp. 127–141. 国立国語研究所 ［http://doi.org/10.15084/00001375］

薬の表示を読む教材の作成

1. 薬の表示を読む教材の作成方針

　薬の表示は、日本で生活する上で読む必要が高い素材であり、学習者の日本語能力のレベルを問わず、たとえ入門期の学習者であっても読まなければならないものである。しかし、特に非漢字系の入門期の学習者にとっては、使われている漢字語の量が多く学習の負担が大きい。

　漢字の知識が十分ではない、あるいはまったくない学習者が、漢字語が使われている素材から情報を得ることができるようになるためには、まず学習すべき表現を精選する必要がある。その上で、それらをどのように覚え、覚えた表現をどのように用いて情報を得ればよいかについての知識を提供しなければならない。さらに、学習者の負担を減らし無理なく学べるようにするためには、情報を読みとる過程を細分化し、それに沿って段階を踏みながら学習を進められるように教材を設計することが重要である。しかし、そのような方針で作られた薬の表示を読むための教材は見当たらない。

　たとえば、漢字の知識が十分ではない学習者のための漢字学習用教材で、薬の表示がとりあげられることがある。『漢字たまご　初級』『漢字だいじょうぶ！　―生活の中で学ぶ漢字のツボ』『新にほんご〈生活の漢字〉―漢字み～つけた』といった教材である。しかし、それらは漢字の学習が主要な目的であるため、薬の表示で使われる漢字語の一部が例示されているのみである。また、学習した漢字の知識を生かして薬の表示から情報を読みとる練習があるものの、漢字語を構成する漢字のどれに注目して効率的に情報を得るかといった読みに関する知識の提供はない。

読むことを学ぶ教材では、『たのしい読みもの55　初級＆初中級』が読む素材に薬の説明書を使っている。ただし、この教材では学習者の日本語のレベルを考慮し、漢字にルビをふるなど素材にアレンジが加えられており、生（なま）の素材からどうやって情報を得るかを学ぶものにはなっていない。

　では、漢字の知識が十分ではない入門期の学習者が、生の素材から情報を得るための教材とはどのようなものだろうか。薬の表示を読む教材を例に、具体的にその教材作成の方針を示す。取りあげる薬の表示は、情報がすべて印刷されているタイプの薬の袋である。薬の種類は、症状がひどいときだけ服用するものではなく、定期的に服用する内服薬である。その典型的な例が図1の薬の袋である。

のみぐすり

2022年4月5日

ソフィア　エレナ　コスタ　様

1日3回　5日分
1日1錠
毎食後に服用してください

ムコダイン錠500mg

佐藤薬局
東京都杉並区阿佐ヶ谷北7-2-3
Tel.：03-2355-0306

図1：薬の袋の例

　図1からもわかるように、印刷タイプの薬の袋には、薬の種類、

患者名、薬が処方された日、薬の用法、薬局名・病院名などが書かれている。それらの中から読みとるべき情報は、薬の用法に関する(1)から(4)である。

(1)　薬を1日に何回飲むか(1日の服用回数)
(2)　薬を1回にどのぐらい飲むか(1回の服用量)
(3)　何日分の薬が入っているか(服用期間)
(4)　薬をいつ飲むか(服用時間)

　これら(1)から(4)を読みとる教材を、具体的には(5)から(8)のような方針で作成する。

(5)　薬の表示を読むための背景知識として、日本で一般的な薬の用法に関する情報を提供する。
(6)　数字を含む表現について、表現のパターンを抽出し、それを見分けるための手がかりを提供する。
(7)　漢字語について、漢字語を構成する漢字の意味やそれらの位置関係に関する情報など、見分けるための手がかりを提供する。
(8)　情報を読みとる過程を段階に分けて、それに沿った練習を提供する。

　(5)については2.で、(6)については3.で、(7)については4.で、(8)については5.で詳しく述べる。

2. 日本で一般的な薬の用法に関する情報の提供

　薬の用法を正しく読むために、学習者は背景知識として日本で一般的にいつ薬を飲むことが多いかについて知っておくとよい。なぜなら、国によって薬をいつ飲むかが違う場合があり、学習者は自国での経験に基づいた思い込みで薬の表示に書かれた内容を推測し、

解釈しようとすることがあるからである。

　内服薬の服用時間としては、日本では食事の前か後が最も一般的であり、それに加えて、食事と食事の間、就寝前および起床時がある。学習者に提供するこれらの背景知識を、(9)から(11)のようにまとめる。

(9)　　薬は食事の前か後に飲むことが多い。
(10)　　食事と食事の間に飲むこともある。たとえば、朝食と昼食の間、昼食と夕食の間などである。食事と食事の間のことを「食間」と表す。「食間」は食事をしている最中という意味ではない。
(11)　　就寝前、起床時に飲むこともある。

　学習者の中には自国での経験から食事中に服用するのが一般的だと考えている者がいる。それらの学習者は、薬の袋に食事に関わる表現があると「食事中に服用する」という指示だと解釈しがちである。そのため、食事に関わる服用時間には(9)のように食前か食後が多いという情報を提供する。

　それに加えて、学習者に注意を促すために、(10)のように「食間は食事をしている最中という意味ではない」と明示する。日本語母語話者でも「食間」を「食事中」と誤解することが少なくないので、特に取り出して解説する。

3. 数字を含む表現を見分ける手がかりの提供

　薬の表示から読みとるべき情報の中で、(1)薬を1日に何回飲むか(1日の服用回数)、(2)薬を1回にどのぐらい飲むか(1回の服用量)、(3)何日分の薬が入っているか(服用期間)の3つを示す表現は、いずれも数字と漢字で構成されている。そのため、薬の袋には数字と漢字から成る数種類の表現が混在することになる。

　たとえば、1日の服用回数を示す「1日3回」、1回の服用量を示す

「1回2錠」は2つの数字を含む4つの文字で構成されているという点で共通しており、数字「1」から始まる点も同じである。服用期間を示す「4日分」にも数字が含まれている。さらに、これら3つの表現には漢字「日」「回」が重複して使われており、紛らわしい。そこで、1日の服用回数、1回の服用量、服用期間を示す表現をそれぞれパターン化し、それらを見分けて情報を効率的に読みとるための手がかりを提供する。

　たとえば、1日の服用回数については、(12)のような表現のパターンを抽出し、(13)のような手がかりを提供する。

(12)　1日［数字］回
(13)　薬の表示に書かれている文字列の中で、「1日」から始まるものが1日の服用回数を示している。「1日」と「回」の間の数字が1日に飲む回数である。

　これに対して、1回の服用量を示す表現は(14)のような表現のパターンを抽出できる。

(14)　1回［数字］

　1回の服用量は、実際には「1回2錠」「1回1カプセル」のように、薬の形状によって「錠」「カプセル」などの異なる助数詞を伴って書かれている。しかし、1回の服用量を読みとることに特化すると、このような助数詞についての知識は不要であり、「錠」「カプセル」は学習する必要はない。「1回」の後の数字さえ見つけられればよいからである。たとえ同じ袋に形状の異なる複数の薬が入っていて1回に飲む量が違っていたとしても、助数詞の違いだけからそれぞれの薬を1回にいくつ飲むかについて読みとらなければならない状況はないと考えてよい。なぜなら、薬の袋に入っているそれぞれの薬の総数が、1回に飲む量の違いを見分ける手がかりになるからである。

　一方、「1回1錠」のように「1回」のすぐ後に数字が書かれているものだけでなく、「1回」のすぐ後に続けて数字が書かれていない

ものもある。たとえば、「1回服用量　カプセル1個」「1回に錠剤1
錠」など、1回の服用量を示す表現には様々なバリエーションがあ
る。これらの例において、「1回」と「1」に挟まれている「服用量」
「カプセル」「に錠剤」などの表現は、情報を読みとることに特化す
るなら学習する必要がない。その後に続く数字「1」が見つけられ
れば読み飛ばしてもかまわないものである。そこで、(14)の表現に
ついて学習者が知っておくべき情報は、(15)のようにまとめられる。

(15)　薬の表示に書かれている文字列の中で、「1回」から始まるも
　　　のが1回の服用量を示している。「1回」の後の数字が1回に
　　　飲む量である。「1回」のすぐ後に続けて書かれていなくて
　　　も、「1回」の後の数字が服用量である。

　また、図2のように、「1回」と服用回数を示す数字の間に、薬の
含有量が数字で「mg」を伴って書かれることがある。

シルヴィ　ベルティ　様

1日2回　　　4日分
朝食後と夕食後に服用してください
1回に　プレドニゾロン2mg　1錠

図2：薬の含有量が書かれた薬の表示の例

　(14)と(15)にしたがうなら、図2の薬の表示は「2mg」の「2」が
1回の服用量ということになり、「1回2錠服用」と読み誤ってしま
う可能性がある。実際の薬の袋において「1回」と服用量を示す数
字の間に挟まれる数字は、薬の含有量以外にほとんどない。そのた
め、(16)の手がかりを追加する。

(16)　「1回」の後に「mg」といっしょに数字が書かれていることも

ある。その数字は薬の含有量で、1回に飲む薬の量ではない。

　(16)の知識によって、学習者は図2の表示の「2mg」を読み飛ばして、その後の「1」を1回の服用量を示す数字だと特定することができる。

　(15)や(16)の知識は、情報を読みとるために覚えた表現をどのように活用するかに関するものである。このように、知っておくべき表現のパターンを(12)や(14)のように示すだけでなく、その知識をどのように用いれば正しく情報を得ることができるのかを具体的に示す必要がある。

　情報を読みとるための知識というと、どのような表現を知っておく必要があるかが注目されがちである。たとえば『漢字だいじょうぶ！ ─生活の中で学ぶ漢字のツボ』では、「粉薬（こな）」「カプセル」「錠剤（じょうざい）」がルビつきで写真とともに紹介されている。『新にほんご〈生活の漢字〉─漢字み〜つけた』には、イラストつきの「散剤（さんざい）（粉薬（こなぐすり））」「カプセル」「錠剤（じょうざい）」が示され、どれが薬の袋に入っているかを選ぶ問題がある。正しく選ぶためには薬の袋に書かれた「1回1錠」から錠剤であることを読みとる以外になく、これは「錠」についての知識を問うものである。初級の学習者にとって、薬の表示という身近な素材を通して漢字語に触れることは、漢字語に慣れて興味を持つようになるという点では意味がある。しかし、「粉薬」も「錠剤」も情報を得るために不可欠ではなく、読み方と意味だけを示しても情報を読みとる手がかりとはならない。(15)や(16)のような知識がなければ、様々なバリエーションがある生の素材から情報をとることは難しい。

4. 漢字語を見分ける手がかりの提供

　薬をいつ飲むかを示す表現には、漢字語が多い。しかも「毎食後」「就寝前」のような3文字の漢字語が目立つ。3文字の漢字語を見分けるためには、漢字語の構成を分析的にとらえることが必要で

ある。そのために、教材では漢字語を構成する漢字の意味とその位置関係について、手がかりを提供する。その手掛かりは、特に漢字の知識がない学習者を想定したものである。

　服用時間を読みとるために学習すべき表現は、食事と関係しているかどうかによって(17)の食事に関係する表現と(18)の食事に関係しない表現に分けられる。薬を飲む時間としては食事に関係するもののほうが一般的なので、先に(17)の食事に関係する表現を学び、その後で(18)の食事に関係しない表現を学習する。

(17)　朝食前、朝食後、昼食前、昼食後、夕食前、夕食後
　　　毎食後、毎食前、朝・夕食後、食間
(18)　就寝前、寝る前、ねる前、起床時

　(17)の表現は、「食間」以外すべて同じように語構成をパターン化できる。[食事時間を示す漢字]＋「食」＋[「前」か「後」]である。まず、最初の2文字にあたる[食事時間を示す漢字]＋「食」の部分を取り出して、「朝食」「昼食」「夕食」「毎食」「朝・夕食」を学習する。そのときに、学習者には(19)のような情報を提供する。「食」はすべての表現に使われているので、「食」を覚えた後で「食」の前の漢字に注目すると語構成のパターンがとらえやすいからである。

(19)　「食」は食事の意味である。「食」の前の漢字「朝」や「夕」
　　　などが食事の時間を示しているので、「食」の前の漢字を見れ
　　　ばどの食事かがわかる。

　食事の表現を学んだ後で、それらと結びつく「前」「後」を学習する。そのときに、「前」「後」と食事の表現の位置関係について、(20)のような情報を提供する。

(20)　「朝食」などの食事を示す表現の後に「前」があれば、その食
　　　事の前という意味である。「後」があれば、その食事の後と
　　　いう意味である。

このように、「朝食後」のような3文字の漢字語について、「朝」と「食」の意味とその位置関係を意識して覚えた後、「朝食」と「後」の意味と位置関係を覚える。このような手順で積み上げ式に学習することにより、非漢字系の学習者の負担を減らし、漢字語の構成を分析的に見ることができるようにする。

　なお、「食間」は語構成が他の表現と違っており、また意味的にも注意が必要であるため、(17)の他の表現と区別して学習する。

　次に、(18)の食事に関係しない表現をどのように取り扱うかについて述べる。「就寝前、寝る前、ねる前、起床時」を学ぶときには、見分ける手がかりとして(21)を提供することが可能である。これは、学習者が食事に関係する表現の中で「食」と「前」をすでに学んでいることを前提としている。

(21)　食事を示す「食」が使われておらず「前」で終わる表現があれば、それは就寝前という意味である。「食」も「前」も使われていなければ、起床時という意味である。

　「就寝前」「寝る前」「起床時」などを1つ1つ覚えることができればそれでもよい。しかし、それに負担を感じる学習者には、(21)は効率的に情報を得るための有用な手がかりであるし、効率を優先した情報の読みとりという点では(21)で十分である。また、(18)の表現をすべて覚えることができた場合でも、(21)の手がかりによって(18)に挙げられていない表現にも対応できるという利点がある。たとえば「眠前」は就寝前という意味で、出現頻度は低いが実際に薬の袋に使用されている表現である。「眠」を知らなくても「薬の袋に書かれている表現で、「食」が使われず「前」が使われる漢字の表現は就寝前を意味する」という知識があれば、意味を特定することができる。(21)のような知識は、様々な表現のバリエーションが存在する生の教材を読むために必要である。

5. 情報を読みとる段階に沿った練習の提供

　薬の表示の中で、どの情報がどのような配置で書かれているかには一定のルールがない。そこで、素材から必要な情報を効率的に読みとれるようになるために、情報の読みとりの過程を3つの段階に分けて、それに沿った学習ができるようにする。まず、読みとりたい情報がどのような日本語の表現で書かれているかを「覚える」段階である。次に、薬の表示の中でそれがどこに書かれているかを「見つける」段階である。そして、そこから情報を「読みとる」段階である。

　たとえば、1日の服用回数を読みとる場合、その過程を2つに分けると、それぞれ(22)の「覚えて見つける」段階と(23)の「読みとる」段階のようになる。

(22)　「1日［数字］回」を覚えて、薬の表示のどこに書かれているかを見つける

(23)　「1日」と「回」の間の数字から、薬を1日に何回飲むかを読みとる

　(22)の「覚えて見つける」段階では、薬の表示の中で1日の服用回数が書かれている場所を見つけることができればよい。書かれている場所が特定できるかどうかが問われるので、その練習のための薬の表示は、生の素材に近いものでなければならない。たとえば、図3のような薬の表示の中で、1日の服用回数が書かれているのは「1

```
┌─────────────────────────────────────┐
│  李　華　　様　のお薬                │
│                                     │
│                        6日分        │
│                                     │
│  1日2回                             │
│  錠剤　1回1錠                       │
│  朝食後と夕食後に服用してください。  │
│                                     │
└─────────────────────────────────────┘
```

図3：薬の表示の例

日2回」という文字列だと特定する。「1日2回」と、数字を含む他の表現「1回1錠」「6日分」とを見分けられることが重要である。

(23)の「読みとる」段階では、情報が書かれている場所を特定した後、そこに何が書かれているかを正しく理解することが求められる。そのため、たとえば図3の表示であれば、「1日に2回飲む」と書かれていることがわからなければならない。

一方、非漢字系初級学習者を想定すると、服用時間を読みとる過程は(24)の「覚える」段階と(25)の「見つけて読みとる」段階の2つに分けることが考えられる。

(24) 「朝食前」「就寝前」などの文字列と意味を覚える。
(25) 薬の表示を見て、薬をいつ飲むかを読みとる

(24)の「覚える」段階では、たとえば「朝食」の意味が朝ごはんであるとわかればよい。そのための練習は「朝食」を見て英語であればbreakfastと答えるような対訳練習でもよいし、朝食を表すイラストを選ぶものでもよい。次の(25)の「見つけて読みとる」段階では、生に近い素材から服用時間を読みとる必要がある。たとえば図3の表示であれば「朝食後と夕食後に飲む」と書かれていることがわからなければならない。

(24)(25)のように分けるのは、服用時間を示す表現は漢字語が多く非漢字系初級学習者にとっては覚えることの負担が大きいからである。すなわち、「覚える」段階と「見つける」段階について、「覚えて見つける」段階のようにまとめるか、「覚える」段階を「見つける」段階と分けるかは、文字列とその意味を結びつけて覚えること、薬の表示の中で表現を見分けることそれぞれの難しさを考慮して決める必要がある。服用時間を示す表現のように文字列を覚えることが難しければ、「覚える」段階を「見つける」段階とは別にすることが考えられる。それに対して、1日の服用回数を読みとる場合、「1日［数字］回」という文字列を覚えることの負担は、「毎食後」「就寝前」を覚えることに比べると小さい。しかし、「1日3回」「1回2錠」「4日分」のような紛らわしい表現が混在する中から見分けるこ

とには負荷がかかる可能性がある。入門期の非漢字系学習者も想定
した教材には、このようなきめ細かな学習段階を考える必要がある。

6. まとめ

　これまで述べてきたように、薬の表示を読む教材を作成するため
には、(26)から(29)の方針で作成すればよい。

(26)　日本とは異なる自国での薬の服用経験によって学習者に誤っ
　　　た思い込みがあり、それが原因で読み誤ることがある。そこ
　　　で、薬の表示を読むための背景知識として、日本で一般的な
　　　薬の用法に関する情報を提供する。たとえば、薬の服用時間
　　　は一般的に食事に関係するものが多く、特に食後か食前が多
　　　いというような情報である。

(27)　1日の服用回数、1回の服用量、服用期間を示す数字を含む
　　　表現について、「1日［数字］回」というようなパターンを抽
　　　出する。そして、それを見分けるための手がかりを提供する。
　　　1回の服用量を示す表現のようにバリエーションが多いもの
　　　もあるので、それらに対応できるような見分ける手がかりを
　　　提供する。

(28)　服用時間を示す漢字語について、漢字語を構成する漢字の意
　　　味や位置関係に関する情報など見分けるための手がかりを提
　　　供する。たとえば、食事に関係する表現については、「毎食
　　　後」「朝食前」を「毎食」と「後」、「朝食」と「前」に分け、
　　　積み上げ式に学べるようにする。また、食事に関係しない表
　　　現「就寝前」「起床時」などについては、それぞれの表現を
　　　個々に覚えなくてもすむように、学習済みの漢字を利用して
　　　見分ける手がかりを提供する。

(29)　情報を読みとることができるようになる過程を3つの段階に
　　　分けて、それに沿った練習を提供する。まず日本語の表現を
　　　「覚える」、次に情報がどこに書かれているかを「見つける」、

そこから情報を「読みとる」段階で、それぞれの段階が学習者にとってどのぐらい難しいかによって教材の構成を考える必要がある。

（桑原陽子）

調査資料

『漢字だいじょうぶ！ ―生活の中で学ぶ漢字のツボ』, トヤマ・ヤポニカ, ココ出版, 2013

『漢字たまご　初級』, 有山優樹・落合知春・立原雅子・林英子・山口知才子, 凡人社, 2012

『新にほんご〈生活の漢字〉―漢字み〜つけた』,『生活の漢字』をかんがえる会, アルク, 2011

『たのしい読みもの55　初級＆初中級』, できる日本語教材開発プロジェクト, アルク, 2013

第 3 部

ネット上のクチコミ
を読む教材

ネット上のクチコミに書かれている内容と表現

1. クチコミに書かれている内容と表現の特徴

　ネット上のクチコミというのは、商品を買ったり飲食店や宿泊施設を利用したりした一般の人が商品を使ったり店や施設を利用したりしたときの感想をウェブサイトに書いたものである。

　クチコミを読むと、実際に商品を使ったり店や施設を利用したりした人の正直な感想や評価を知ることができるので、自分がどの商品を買うか、どの飲食店や宿泊施設を利用するかを決めるときに役に立つことが多い。

　しかし、ネット上のクチコミは一般の人があまり深く考えずに書くことも多いため、ネット上のニュース記事や企業のウェブサイトに載っている文章とは違う書き方になっていることがある。特に日本語学習者にとっては、日本語教科書に載っている文章とは大きく違うため、クチコミ特有の書き方を知らないと読みにくい。

　ここでは、グルメサイトに載っているクチコミを例にして、クチコミに書かれている内容と表現の特徴について(1)から(5)のようなことを述べる。

(1)　クチコミに使われる表記：漢字表記やカタカナ表記がよく使われる。記号類も多く使われる。

(2)　クチコミに使われる語彙：話しことば的な語彙がよく使われる。否定的な評価ではそれを間接的に表す語彙が使われる。

(3)　クチコミに使われる文法的表現：話しことば的な表現が多く使われる。断定を弱める表現や疑問表現もよく使われる。

(4)　クチコミの文章構成と内容：「自分たちが食べたり飲んだりし

たもの」と「料理や店に対する感想や評価」が書かれている。

(5)　クチコミの読みにくさ：かな漢字変換の誤りがあったり、文の構造が整っていなかったりして、読みにくい。

　この後、2.で分析方法について説明し、3.から7.でそれぞれ(1)から(5)について述べる。最後の8.ではまとめを行い、今後の課題を示す。

2. 分析方法

　ネット上のクチコミに書かれている内容と表現の特徴を明らかにするために、グルメサイト「食べログ」に掲載されたクチコミを分析した。

　量的な分析の対象にしたのは、「居酒屋」「郷土料理」「イタリアン」「ラーメン」「バイキング」という5つのジャンルの飲食店である。これらは、日本語学習者が利用することがあり、店を選ぶためにネット上のクチコミを読むことがあると考えられるものである。5つのジャンルからそれぞれ10店を選び、それぞれの店に対するクチコミを10件ずつ計500件、分析した。一部の分析では、それぞれの店のクチコミを5件ずつにし、計250件を対象にした。それらのクチコミを収集した時期は、2012年の7月から8月である。

　クチコミの文章を一般の文章と量的に比較するときには、一般の文章として「現代日本語書き言葉均衡コーパス　中納言版」の「新聞」「雑誌」「書籍」「白書」「ベストセラー」「広報誌」「教科書」を対象にし、その検索結果を示した。

　量的ではない分析では、その他のジャンルのクチコミや、その後に収集したクチコミも対象にした。

3. クチコミに使われる表記

クチコミに使われる表記については、漢字表記やカタカナ表記、記号類がよく使われるという特徴がある。

3.1では漢字表記の多さについて、3.2ではカタカナ表記の多さについて、3.3では記号類の多さについて説明する。

3.1 漢字表記の多さ

クチコミの文章では、一般の文章に比べて、漢字表記が多く使われる傾向がある。

たとえば、「おいしい」は「美味しい」と書かれることが多く、「よい」は「良い」と書かれることが多い。「いただく」は「頂く」と書かれることが「いただく」と大きく違わないほどある。

表1は、一般の文章と500件のクチコミの文章で「おいしい」の表記を比較したものである。一般の文章では「美味し(い)」という漢字表記は「おいし(い)」というひらがな表記の1/5以下しか使われていない。それに対して、クチコミの文章では、「美味し(い)」という漢字表記が「おいし(い)」というひらがな表記の3倍以上、使われている。

表1:「おいしい」の表記

	美味し(い)	おいし(い)
一般の文章	703	3861
クチコミの文章	390	114

このようにクチコミの文章に漢字表記が多いのは、スマホやパソコンに入力したときに最初に示される表記をそのまま使うことが多いからだと考えられる。最初に示される表記は、漢字で表記できるものは漢字表記になっていることが多い。そのため、ひらがなで表記するか漢字で表記するかという基準を決めて、それに従っている出版物の文章より漢字表記が多くなる。

3.2 カタカナ表記の多さ

　クチコミの文章では、一般の文章に比べて、カタカナ表記が多く使われる傾向がある。

　たとえば、「おすすめ」は「オススメ」と書かれることが多く、「いまいち」は「イマイチ」と書かれることが多い。「深いうまみ」を表す「こく」は「コク」と書かれることが多い。

　表2は、一般の文章と250件のクチコミの文章で「おすすめ」の表記を比較したものである。一般の文章では「オススメ」というカタカナ表記は「おすすめ」というひらがな表記と「お勧め」「お薦め」という漢字表記の合計の1/5以下しか使われていない。それに対して、クチコミの文章では、「オススメ」というカタカナ表記が他の表記の合計とほぼ同じくらい使われている。

表2：「おすすめ」の表記

	オススメ	おすすめ	お勧め	お薦め
一般の文章	378	1482	468	145
クチコミの文章	23	11	12	1

　このようにクチコミの文章にカタカナ表記が多いのは、漢字表記だと「お勧め」と書くか「お薦め」と書くかを選ぶのが難しかったり、ひらがな表記だと前後のひらがなと連続してひらがなが続き、読みにくかったりするためだと考えられる。カタカナ表記であれば、軽い雰囲気を出しながら、語としてのまとまりを示すことができる。

3.3 記号類の多さ

　クチコミの文章では、一般の文章に比べて、「！」や「♪」「☆」のような記号類が多く使われる傾向がある。

　表3は、250件のクチコミの文章に現れた記号類の数である。「！」だけでも全角と半角のものを合わせて950回出現しており、平均すると1件のクチコミに4回近く使われていることになる。これは一

般の文章に比べてはるかに多い。

表3　記号類の出現数

	！(全角)	！(半角)	♪	☆
クチコミの文章	751	199	111	86

　そのほか、「ー」や「〜」のような音声を長くする記号、「…」や「。。。」のような言いさしを表す記号、「(^^;)」や「(*ﾟvﾟ*)」のような顔文字もよく使われる。

　このようにクチコミの文章に記号類が多いのは、書き手が自分の感情をはっきり伝えたいと思って書く場合が多いからだと考えられる。書きことばでは自分の感情を音声で伝えることができない。そのため、話しことばでは音声で伝えるような情報を記号類で表すことになる。これは、話しことばに近い書き方をすることが多いSNSやブログなどの文章と同じである。

4. クチコミに使われる語彙

　クチコミに使われる語彙については、話しことば的な語彙が多く使われたり、評価を表すのに独特の語彙が使われたりするという特徴がある。

　4.1では話しことば的な語彙の多さについて、4.2では肯定的な評価を表す語彙について、4.3では否定的な評価を表す語彙について説明する。

4.1 話しことば的な語彙の多さ

　クチコミの文章では、一般の文章に比べて、話しことば的な語彙が多く使われる傾向がある。

　たとえば(6)では、「普通に」や「すげえ」のような話しことば的な語彙が使われている。

(6)　でも、日替わりちゃんこでも<u>普通に</u>美味しかった。
　　　つみれはちょっと固めでしたが、何と言っても出汁が<u>すげえ</u>
　　　美味。　（「ちゃんこ巴潟」のクチコミ, cosrich, 2013/06訪問）

　このようにクチコミの文章に話しことば的な語彙が多いのは、自分が体験したことやそのときの感情を他人に話すように書く書き手がいるからだと考えられる。クチコミは日常的な体験を書くものなので、フォーマルな語彙を使わない書き手も多い。

4.2　肯定的な評価を表す語彙

　クチコミの文章では、評価する対象によってさまざまな語彙が使われている。
　飲食店のクチコミでは、味についての肯定的な評価としては「美味しい」がよく使われるが、(7)のような語彙も使われる。

(7)　満足、最高、旨い、さすが、たまらない、〜のはうれしい

　たとえば(8)では、変則的な表記ではあるが、「最高」が使われている。

(8)　あゝ・・・玉子の火の通り、
　　　<u>最っ！</u>
　　　<u>高っ！</u>
　　　デスっっ、(´▽｀)/!!
　　　（「ビストロサイトウ」のクチコミ, 河井継之助, 2020/12訪問）

　一方、接客については(9)のような語彙が使われ、雰囲気については(10)、値段については(11)のような語彙が使われる。

(9)　接客が良い、丁寧、気配り、気が利く、にこやか、テキパキ
(10)　雰囲気が良い、居心地が良い、気に入った

(11)　コスパが良い、CPが良い

　このように、クチコミの文章では、評価する対象によって、また
どのような側面を評価するかによって、さまざまな語彙が使い分け
られている。

4.3 否定的な評価を表す語彙

　クチコミの文章では、否定的な評価を表す場合、「不味い」や「悪
い」のような直接的な語彙ではなく、「イマイチ」や「微妙」のよう
にそれを間接的に表す語彙が使われることが多い。
　飲食店のクチコミでは、「美味しくない」「良くない」も使われる
が、(12)のような語彙もよく使われる。

(12)　イマイチ、微妙、残念、再訪はない

　たとえば(13)では、「ふわふわトロトロとは言えない」というこ
とを表すために、「微妙〜〜」という表現が使われている。

(13)　ふわふわトロトロかと言えば…　微妙〜〜。(ーー;)
　　　　　　　　（「ササラ」のクチコミ, マナボウ04, 2008/05訪問）

　このように、クチコミの文章では否定的な評価は明確に「不味
い」や「悪い」と書かれることは少なく、「イマイチ」や「微妙」の
ような語彙によって間接的に否定的な評価が書かれることが多い。

5. クチコミに使われる文法的表現

　クチコミに使われる文法的表現については、話しことば的な表現
が多く使われたり、断定を弱める表現や疑問表現がよく使われたり
するという特徴がある。

5.1では話しことば的な表現の多さについて、5.2では断定を弱める表現の多さについて、5.3では疑問表現の多さについて説明する。

5.1 話しことば的な表現の多さ

　クチコミの文章では、一般の文章に比べて、話しことば的な表現が多く使われる傾向がある。

　たとえば(14)では、「かもしれない」から「しれない」が省略された「かも」が使われている。また、「それで食べる」の「食べる」が省略されている。「まあ」や「とか」という話しことば的な表現も使われている。

(14)　しそつくねは、ソースにつけて食べるとしその風味がほとんどない<u>かも</u>。玉ねぎは甘くて美味い。海老はタルタルソースが付いてくるので<u>それで</u>。<u>まあ</u>普通。頼むべきはやはり普通に牛肉<u>とか</u>ウィンナー<u>とか</u>ハムカツ<u>とか</u>だったかな。<u>まあ</u>安いしいいが。　　　　　　　　　　　　　　　（「串カツ田中 アキバあいどる店」のクチコミ, B型グルメ, 2019/08訪問）

　このようにクチコミの文章に話しことば的な表現が多いのは、自分が体験したことを書きことばの文章として書くというより、他人に話すように話しことばで書く書き手がいるからだと考えられる。

5.2 断定を弱める表現の多さ

　クチコミの文章では、一般の文章に比べて、断定を弱める表現が多く使われる傾向がある。

　たとえば(15)では、「再訪はありません」と明確に断定するのではなく、「かと」を使って「だろうと思う」という意味を加え、断定を弱めている。また、「・・・」を使って、言いにくいために言いよどんでいることを表している。さらに、「残念ですが」を使って店に対する配慮を表すことにより、断定を弱めている。

(15) <u>残念ですが</u>、再訪は<u>ない</u>かと・・・。

（「あんしぇ」のクチコミ, プリン24, 2015/01訪問）

　このような断定を弱める表現は、特に否定的な評価をするときに
よく使われる。その評価はあくまでも自分が感じた主観的なもの
であって、店を批判しているわけではないということを表すためで
ある。

5.3 疑問表現の多さ

　クチコミの文章では、一般の文章に比べて、疑問表現が多く使わ
れる傾向がある。

　たとえば(16)では、「豆苗やね?」という疑問表現が自分に確認す
るような意味で使われている。また、「どうなんでしょうか?」とい
う疑問表現が「私はよいとは思わない」という反語的な意味で使わ
れている。さらに、「トッピングするんでつか?」という疑問表現が
店に対して質問するような形で使われている。

(16)　トッピングされてるのは<u>豆苗やね?</u>（汗）
　　　豆苗は<u>どうなんでしょうか?</u>
　　　本場は豆苗を<u>トッピングするんでつか?</u>（遠い目）

（「ちょうじや」のクチコミ, 魯川人, 2015/12訪問）

　このようにクチコミの文章に疑問表現が多いのは、断定を弱めた
り、他人に話すように書くためだと考えられる。(16)の「豆苗や
ね?」は「豆苗や」と断定しないためであり、「どうなんでしょうか」
は否定的に断定するのを避けるためである。一方、「トッピングす
るんでつか?」は、店の人に話すような文になっている。ただ、こ
れは「本場では豆苗をトッピングしない」と断定するのを避けるた
めだとも考えられる。

6. クチコミの文章構成と内容

　クチコミはさまざまな人が自由に書くものであるため、文章構成も内容もさまざまであるが、文章構成についても内容についても多くのクチコミに共通する点がある。
　6.1ではクチコミの文章構成について、6.2ではクチコミの内容について説明する。

6.1 クチコミの文章構成

　クチコミの文章は、(17)から(21)のような順序で書かれているものが多い。

(17)　その店に行った経緯
(18)　店の紹介
(19)　自分たちが食べたり飲んだりしたもの
(20)　料理や店に対する感想や評価
(21)　店に対するメッセージ

　(17)の「その店に行った経緯」というのは、そのときにどのようにしてその店に行くことになったかが書かれている部分で、(22)のようなものである。

(22)　金沢が地元のお友達に教えて貰って来ました！
　　　　　（「味処 高崎」のクチコミ, patひーちゃん, 2020/11訪問）

　(18)の「店の紹介」というのは、どんな店かという情報が書かれている部分で、(23)のようなものである。

(23)　イタリアンのカフェ✿
　　　東金沢方面の岩出町にある『ぶどうの木』が本店。
　　　　　　　　　　　　　　　　　　　　　　（「ぶどうの木

金沢フォーラス店」のクチコミ, ♡yuririn♡, 2019/01 訪問)

(19)の「自分たちが食べたり飲んだりしたもの」というのは、(24)のようなものである。

(24)　本日は、宮古そば小530円、ソーキそば小620円にオリオンビール500円を注文。
　　　　　（「古謝そば屋」のクチコミ, maron9, 2018/01 訪問)

(20)の「料理や店に対する感想や評価」というのは、(25)のようなものである。

(25)　雰囲気もコスパも良いお店でした(^^)
　　　　　（「Si.ba.ki」のクチコミ, HEART19, 2019/08 訪問)

(21)の「店に対するメッセージ」というのは、「ご馳走様でした！」のような定型句が多いが、(26)のようなものもある。

(26)　マイペースで無理をなさらず、これからも美味しいトンカツを提供してください。
　　　　　（「とんかつ しお田」のクチコミ, mim8686, 2018/07 訪問)

どのクチコミにも(17)から(21)のすべてが書かれているわけではない。ほぼ必ず書かれているのは、(19)の「自分たちが食べたり飲んだりしたもの」と(20)の「料理や店に対する感想や評価」である。(17)の「その店に行った経緯」と(18)の「店の紹介」は順序が逆のこともあるが、少なくともどちらかが書かれていることが多い。

6.2 クチコミの内容

クチコミによく書かれている内容は、6.1の(17)から(21)に示したとおりである。

短いクチコミでは、(19)の「自分たちが食べたり飲んだりしたもの」と(20)の「料理や店に対する感想や評価」を中心に簡潔にまとめられている。(27)のようなものである。

(27)　元ソムリエ協会副会長のお店
　　　　お料理とワインのマリアージュを極めた店。
　　　　コース料理とワインの組み合わせで頂きました。
　　　　お魚と赤ワイン、お肉と白ワインなどセオリー通りではなく
　　　　一杯づつ楽しませてくれます。
　　　　サービスも元ホテルマンということもありエレガントで勉強
　　　　になります。　　　　　　（「ダイニング・ウイズ・ワイン　そ
　　　　むりえ亭」のクチコミ, LXXXIX89, 2020/01訪問, 空行省略）

　それに対して、長いクチコミでは(19)の「自分たちが食べたり飲んだりしたもの」についての説明が詳しいものが多い。(28)のように一品一品についての説明が詳しく書かれ、それぞれに対する感想や評価も書かれていることが多い。

(28)　サラダは、透明なガラス皿にガラスの蓋がされていて、中は
　　　　野菜がいっぱい、まるでミニチュア農園の様。紫大根、牛蒡
　　　　のパウンドケーキ、ほうれん草、赤辛子水菜、揚げた里芋、
　　　　ベースには豆腐が引かれた、見た目が本当に美しい一品。能
　　　　勢の晴苗農園さんの作っているお野菜だそうだ。新鮮で大変
　　　　美味しい。　　　　　　　　　　　　　　　（「小さな料理
　　　　店 森乃くじら荘」のクチコミ, レールモントフ, 2021/01訪問）

　ただ、一品ごとに段落を変えてあり、さらに料理名の先頭に「◆」や「・」が付いていたり、料理名が目立つフォントになっていたりして、「自分たちが食べたり飲んだりしたもの」の説明だということがわかりやすくなっていることが多い。そのため、その料理の説明部分を読み飛ばすことが簡単にできる。
　また、長いクチコミでは(17)の「その店に行った経緯」について

の説明が詳しいものもある。(29)のようなものである。

(29)　またまたビーズを買いに博多まで行きました。
　　　福岡は東京：浅草橋のような専門店が少ないのですが、アミュプラザに専門店があるのです。
　　　ネットでも購入できますが、微妙な色を見るには実店舗が便利。
　　　11時前に着きましたので先にランチを頂こうと上階の「くうてん」へと。
　　　鰻を頂くつもりでしたけれど、ここだけ開店前から待ち人がいらっしゃる・・
　　　そんなに美味しいのかと気になり入りました。
　　　　　　　（「鮨割烹やま中」のクチコミ, misspepper, 2014/09訪問）

　このようなクチコミは、店のことを読み手に伝えたいという思いより、自分の経験を書きたいという思いが強いのだと考えられる。
　ただ、このような「その店に行った経緯」はクチコミの最初に書かれているので、読み飛ばすことが簡単にできる。
　なお、全体的には肯定的な評価をしていても、少し不満がある場合は、(30)の「自分の考える和食の理想形」のような全体的な評価のあと、残念な点や店に対する注文が書かれることが多い。

(30)　自分の考える和食の理想形。
　　　後はもう少しメニューに幅があっていろいろ選べるようになれば万人に受け入れられるのでは。　　　　　　　　（「めんたい料理 博多椒房庵」のクチコミ, fumitaka, 2020/08訪問）

7. クチコミの読みにくさ

　クチコミは文章を書くプロではなく一般の人が書くものであり、書いたものを読み直さないで、そのまま投稿していることもあるの

で、読みにくい文章もある。

7.1では表記についての読みにくさについて、7.2では表記以外についての読みにくさについて説明する。

7.1 表記についての読みにくさ

クチコミの文章では、一般の文章に比べて、入力の誤りや、かな漢字変換の誤りが多かったり、読みやすくするための表記についての配慮が少なかったりするため、読みにくいことがある。

たとえば(31)では、「箱膳」が「箱全」という誤った表記になっている。また、読点がまったく使われていないため、読みにくい。

(31)　量も多く盛り付けも素敵ですしお店の顔ともいえる<u>箱全</u>もとても美しく満足できたんですがこのお値段ではなという感覚でした。。

　　　　　　　　　　（「The みます屋」のクチコミ, グラ男, 2016/06訪問)

表記の誤りの中には書いた後で一度読み直せば気がつきそうなものもあるが、よく読み直さないでそのまま投稿しているのだと考えられる。

7.2 表記以外についての読みにくさ

クチコミの文章では、一般の文章に比べて、読み手に伝わりにくい表現が多かったり、構造が整っていない文が多かったりするため、読みにくいことがある。

たとえば(32)では、1人称を表すのに「私」や「僕」ではなく「オーツ」という書き手のニックネームが使われている。

(32)　その日のメニューから、<u>オーツ</u>は「ジンジャーキーマスパイスカレー」を注文しました。

　　　　（「ガレージ ゼロニーロク」のクチコミ, オーツ, 2020/09訪問)

親しい人に対しては1人称として自分のニックネームを使うことはあるが、知らない読み手に対しては使わないのが普通であるため、このような1人称は読み手に伝わりにくい。

　(33)では、「行者にんにくこと」の係り先がなく、「もうちょっと」の係り先もわかりにくい。

(33)　<u>行者にんにくこと</u>(北海道ではアイヌネギと呼びがち)はよく
　　　ジンギスカンとかで実家では食べてたりしました。
　　　懐かしいです。
　　　でも、<u>もうちょっと</u>押してるなら入ってるかと思ったら2本
　　　かぁ。
　　　まあ2本大きいですけどね！
　　　(「ラーメン札幌一粒庵」のクチコミ, たべもぐか, 2020/11訪問)

　「行者にんにくこと」は「行者にんにくこと、アイヌネギは」と書こうとしていたのだろうが、「(北海道ではアイヌネギと呼びがち)」と書いたために、係り先がなくなったのだと考えられる。

　「もうちょっと」のほうは、「(店が行者にんにくを)推してるなら、(行者にんにくが)もうちょっと入っているかと思ったら」という意味を表したかったのだと考えられる。「もうちょっと」と書いた後、「押してるなら」を入れたために、「もうちょっと」が「押してるなら」に係っていくように見えて、係り先がわかりにくくなっている。

　このほか、情報を整理しないで書いたために文章の構成がわかりにくく、読みにくいクチコミもある。

8. まとめと今後の課題

　ここまでに述べたことをまとめると、(34)から(38)のようになる。

(34)　クチコミに使われる表記：「美味しい」のような漢字表記や、
　　　「オススメ」のようなカタカナ表記がよく使われる。「！」や

「♪」のような記号類も多く使われる。

(35) クチコミに使われる語彙:「すげえ」のような話しことば的な語彙がよく使われる。否定的な評価ではそれを間接的に表す「イマイチ」のような語彙が使われる。

(36) クチコミに使われる文法的表現:「とか」のような話しことば的な表現が多く使われる。「〜かと・・・」のような断定を弱める表現や、「どうなんでしょうか?」のような疑問表現もよく使われる。

(37) クチコミの文章構成と内容:短いクチコミでは、「自分たちが食べたり飲んだりしたもの」と「料理や店に対する感想や評価」が書かれている。長いクチコミでは、料理の説明が詳しい。「その店に行った経緯」の説明が詳しいものもある。

(38) クチコミの読みにくさ:「箱全」のようなかな漢字変換の誤りがあったり、「もうちょっと押してるなら入ってるかと思ったら」のように文の構造が整っていなかったりして、読みにくい。

このように、クチコミの文章は一般の文章とは違う特徴を持っている。日本語学習者がクチコミの文章を理解できるようにするために、その特徴を十分に知っておく必要がある。

今後の課題としては、飲食店以外のクチコミを含め、クチコミの文章の特徴をさらに詳しく分析する必要がある。

これまでのクチコミについての研究としては、語彙を扱った大谷鉄平(2015)、文法を扱った張麗(2015)、談話構造を扱った田中弥生(2013)などがあるが、どの研究でも非常に限られた問題しか取り上げられていない。今後は、日本語学習者がクチコミを読むときのことを意識しながら、クチコミの文章をさまざまな角度から分析する必要がある。

(野田尚史)

調査資料

グルメサイト「食べログ」［https://tabelog.com/］
「現代日本語書き言葉均衡コーパス　中納言版」（データバージョン 2021.0, 中
　　納言 2.4.5）, 国立国語研究所［https://chunagon.ninjal.ac.jp/bccwj-nt/search］

参考文献

大谷鉄平（2015）「ダイエット系「口コミ」にみられる語彙の特性―新聞折り込
　　みチラシの場合との差異に注目して」『学習院大学大学院日本語日本文学』
　　11: pp. 58–79. 学習院大学大学院人文科学研究科日本語日本文学専攻［https://
　　glim-re.repo.nii.ac.jp/?action=repository_uri&item_id=3240&file_id=22&file_
　　no=1］
田中弥生（2013）「評価の高低によるクチコミサイト「アットコスメ」における
　　談話構造の特徴―修辞ユニット分析を用いて」『神奈川大学言語研究』35:
　　pp. 1–23. 神奈川大学言語研究センター［https://kanagawa-u.repo.nii.ac.
　　jp/?action=repository_uri&item_id=6395&file_id=18&file_no=1］
張麗（2015）「現代日本語における「ラ抜き形」に関する研究―Webサイトのク
　　チコミデータを用いて」『東京外国語大学日本研究教育年報』19: pp. 39–57.
　　東京外国語大学日本専攻［http://repository.tufs.ac.jp/bitstream/10108/81244/
　　1/isre019003.pdf］

学習者がネット上のクチコミ
を読む難しさ

1. ネット上のクチコミを読む難しさの概要

　ネット上のクチコミとは、商品やサービスについての意見や評価を一般の消費者がウェブサイトに投稿したものである。商品やサービスを提供する側が発信する情報とは異なり、実際に商品を使った人やサービスを受けた人からのリアルな声を知ることができるレビューとして、参考にされることが多い。レビューの対象は、レストラン、ショッピング、観光、病院などさまざまあり、それらのレビューをまとめたサイトが多数存在する。

　日本語学習者にとっても、日本語で書かれたクチコミを上手に活用することで、より自分の希望に沿った選択ができれば望ましいことである。では、日本語学習者がネット上のクチコミを読むときに、どのような難しさがあるのだろうか。

　このことを明らかにするために、日本語学習者にレストランのレビューサイトにあるクチコミを読んでもらい、クチコミを読む難しさとその要因を探った。クチコミを読んでもらったのは、ヨーロッパ在住の上級学習者である。

　ネット上のクチコミを読む際に重要なのは、自分が知りたい情報を得るということである。レストランであれば、料理、味、金額、サービス、雰囲気など、読み手によって重視するものは異なるが、そうした点について具体的な情報を探しながら読みとっていくことになる。

　ネット上のクチコミは、こうした情報が理路整然と簡潔に述べられているものよりも、書き手が自分の体験を友達に気持ちを込めて語るようなものが多い。使用される表記、語彙、文型なども、学習

者が授業で習うようなものばかりではなく、文章の長さや情報の伝え方、スタイルなどもさまざまである。調査に使用したクチコミでは、SNSやブログのようなカジュアルな語り口のスタイルが多く見られた。

　そのようななかで、学習者がどのように情報を読んだかを中心にデータを分析した結果、ネット上のクチコミを読む難しさの要因は(1)から(3)であった。

(1)　　ネット上のクチコミの表記に関する知識の不足
(2)　　ネット上のクチコミの語彙に関する知識の不足
(3)　　ネット上のクチコミの文構造に関する知識の不足

　(1)については3.で、(2)については4.で、(3)については5.で詳しく述べる。

2. 調査概要

　調査対象者は、ヨーロッパに居住する学習者で、母語はスペイン語が10名、ドイツ語が10名、フランス語が10名、英語が4名、合計34名である。学習者の日本語を読む力は、学習歴や調査時の日本語能力などから、上級相当であると判断されている。

　調査は2013年3月から2014年11月に行われた。使用したのは、この期間に飲食店情報サイトの「食べログ」に掲載されていた(4)と(5)のレストランのクチコミで、調査対象者には(6)のような設定でクチコミを読んでもらった。

(4)　　フーズパーク／ conano de café　　　　　（http://tabelog.
　　　com/ishikawa/A1701/A170101/17006490/dtlrvwlst/）
(5)　　ピソリーノ桜田店　　　　　　　　　（http://tabelog.
　　　com/ishikawa/A1701/A170101/17000622/dtlrvwlst/）
(6)　　友だちが金沢に住んでいるので、遊びに行きます。その友だ

ちは日本語がほとんどできず、外食もほとんどしないので、よいレストランを知りません。友だちが住む金沢の桜田にあるビュッフェレストランを探すため、Googleで「金沢　桜田　ビュッフェ」で検索すると、2軒見つかりました。グルメサイトの「食べログ」では同じくらいの評価点なので、「食べログ」のクチコミを見て、どちらにするかを決めます。

　学習者には、辞書使用の制限はせず、ふだん自分がクチコミを読むときと同じように読んでもらい、クチコミを読んで理解したことや感じたことなどを自分の母語で話してもらった。調査者は必要に応じて質問をし、学習者の理解や感想を確認した。その際のやり取りは学習者の母語で行った。
　なお、同様の調査の分析をまとめたものとして、桑原陽子（2015）と野田尚史・小西円・桑原陽子・穴井宰子・中島晶子・村田裕美子（2017）があるが、ここでは特に、ネット上のクチコミの特徴と関連付けて、どのような読解の難しさがあるかに焦点をあてて考察する。分析対象のデータは野田尚史・穴井宰子・桑原陽子・白石実・中島晶子・村田裕美子（2015）で収集したものである。

3. ネット上のクチコミの表記に関する知識の不足

　ネット上のクチコミを読む難しさの要因として、レビューに見られる文字や記号の特徴的な使い方に関する知識の不足が挙げられる。
　クチコミには文字の使用基準等はないため、表記も書き手の自由である。それぞれの書き手は自分が使い慣れた文字や記号を自由に使って書く。それらのなかには、学習者があまり目にしないものも含まれる。
　表記に関する知識の不足によってどのような難しさが生じるかについて、（7）から（9）のタイプに分けて述べる。

（7）　漢字の多用

(8)　記号の多用

(9)　顔文字の多用

　(7)については3.1で、(8)については3.2で、(9)については3.3で詳しく述べる。

3.1 漢字の多用

　ネット上で文字を打つときは、漢字使用の制限もなく、漢字変換も簡単である。そのため、表記基準がある出版物などよりも多くの漢字が使われる傾向がある。

　調査に使用したクチコミでは、特に(10)のような語が漢字で書かれる例が見られた。「拘り」以外は初級で学習する語彙だが、漢字で書かれると上級レベルでもわからないことがある。

(10)　旨い、美味しい、不味い、お洒落、綺麗、貰う、拘り

　桑原陽子(2015: 114–115)でも、こうしたウェブサイト特有の表記に起因する読み誤りが指摘されている。

　「美味しい」や「不味い」などの語であれば、漢字の意味から語の意味を推測したり、「味」に関する重要な語だと判断して辞書で意味を調べるということもある。しかし、ウェブサイトで使われる漢字は、意味の推測がしやすいものばかりではない。

　(11)を読んだフランス語話者は、「お洒落な」の「洒」を「酒」と混同し、「bar」があることから、フランスのバー(居酒屋やパブのイメージ)のようにお酒が出る店という意味だと間違えて推測した。(下線は引用者による。以下同様)

(11)　店の雰囲気はちょっとbarっぽいお洒落な感じ...

　「洒落」の場合は、使用頻度の低い「洒」が、高頻度の「酒」と形が似ていることから、特に混同をまねきやすいと言える。

3.2 記号の多用

　ネット上のクチコミは、友達と話すようなスタイルで書かれているものが多く、書き手の気持ちを表すものとして、記号が使われることがある。知識がないと意味の推測が難しいものも少なくない。

　(12)を読んだスペイン語話者は、文末にある丸を表す記号の「○」がどういう意味なのかわからなかった。英語話者はこれが文字なのか数字のゼロなのかわからないということだった。ドイツ語話者は「○」をゼロ、つまり零点だと思い、パスタの評価はすごく悪いという意味だと間違って理解した。

(12)　パスタはトマトのパスタを注文。無難で○。

　「無難」はやや否定的なニュアンスで使われることもあるが、ここではそのあとに「よい」「合格」などを表す「○」があることから、「無難」が肯定的な評価なのだとわかる。しかし、「○」がそれほどわかりやすい記号ではないことは、桑原陽子(2015: 111)でも指摘されており、「○」をゼロだと思う学習者がいるということである。「○」のほかに「×」もあれば推測しやすくなるが、単独で使われると、この形が何を表すのか、知識がなければ推測は難しい。

　(13)を読んだ英語話者は、文末にある「↓」の意味がわからなかった。これが「下を見よ」以外にどのような意味で使われるか想像できなかった。

(13)　それに乾いててカピカピのものが放置↓

　学習者は、「カピカピ」と「放置」の意味を知らなかったため、この文がよい意味なのか悪い意味なのか理解できなかった。下向きの矢印が、低い評価や気持ちがダウンするといったことを表すという知識があれば、文の大意をつかむことができたと思われる。

　(14)を読んだスペイン語話者は、「モダンオシャレ」のあとになぜ「?」がついているのか理解できなかった。

（14）　中はキレイで<u>モダンオシャレ</u>？な感じで女子ウケよさそう。

　これは自問するような言い方で、「モダンオシャレというのかな、そんな感じ」のように、会話なら上昇イントネーションになるような語のあとに「?」が入る。書かれた文字だけでは、音調によって表すような情報を伝えられないため、それを補うように記号が使われることがある。しかし、そうした記号の特別な意味についての知識がないと、学習者は違和感をもつだけで、意味の推測が難しい。

　また、笑いを表す「（笑）」や動揺している様子を表す「（汗）」など、漢字一字をカッコに入れて書き手の気持ちを表すことがあるが、学習者にとっては、漢字の意味を知っていても文全体の意味が理解しにくいことがある。(15)を読んだスペイン語話者は、文末にある「（笑）」を見て、この文で何がおかしいのか、その感覚がよくわからないと言っていた。

（15）　でも、ハンバーガーとか1個食べたら他の物食べれなくなるよ、このボリューム(笑)

　この記号も複数の解釈が可能だが、ここでは「（笑）」があることによって、書き手がハンバーガーのボリュームをコミカルに描写していることがわかる。この記号がなければ、ほかのものが食べられなくなるほどのボリュームであるということが、否定的な評価として解釈される可能性も出てくる。しかし、笑いを表す記号があることで、大きすぎるサイズに対して不満を述べているのではなく、楽しそうにサイズを描写して満足感を表していることが伝わり、むしろよい評価であるという解釈ができる。

　笑いを表す記号には「w」「www」などもあり、カジュアルな文章でよく使われる。しかし、どのような場面が笑いを誘うかは文化によっても異なる。また、調査対象者の多くが指摘するところでは、ヨーロッパではレビューのなかで、評価とは直接関係のない書き手の気持ちを書くこと自体、あまりないようである。こうしたことからも記号の解釈は、ヨーロッパの学習者にとって難しい場合がある。

3.3 顔文字の多用

　顔文字とは、文字や記号を使って顔の表情や動作を模したもので、書き手の気持ちを表すのに使われる。たとえば、「(^o^)/」は片手を上げて(あるいは手を振って)笑顔で話す様子を表し、楽しげな雰囲気や満足した気持ちを伝えている。顔文字は、特にネット上のカジュアルな文章など、特定の場面で使われる記号である。

　ネット上のクチコミでも顔文字はよく見られるが、不特定多数に向けたレビューに顔文字を使うことに違和感を覚える学習者も少なくない。その理由として、子どもっぽい、不真面目に見える、感情的な書き方で内容が信用できないなどの意見がある。そのため、顔文字が多いクチコミは読まなかったり、読んでも顔文字の部分は飛ばしたりする学習者もいる。ヨーロッパの学習者が記号や顔文字に対し否定的な反応をすることがあるという点は、野田尚史・穴井宰子・桑原陽子・白石実・中島晶子・村田裕美子(2015: 247–248)でも指摘されている。

　一方で、日本では記号や顔文字がよく使われることを知っており、違和感をもたず、読んでいて楽しいと言う学習者や読解の助けになると言う学習者もいる。しかし、調査対象者のなかでは多数ではなかった。

　読解の助けとなった例として、(16)を読んだフランス語話者は、「きょろきょろ」の意味を調べる前に、文末にある顔文字を見て、不快なことではなく、わくわくするようなおもしろいことを表しているのだろうと推測することができた。

(16)　焼そばを作ってくれるところでは、何か色々焼いてるから
　　　次は何が出来たんだろってきょろきょろしちゃいます(>ω<)!

　この顔文字では、目を強くつぶるところで高ぶった気持ちを表し、口角を上げているところで、満足な気持ちを表している。「きょろきょろ」自体は様態を表し、評価や気持ちを直接表すものではないが、この絵文字で書き手の気持ちを確認することができる。しかし、

別のフランス語話者は、(16)の顔文字が「恥ずかしい」という気持ちを表していると推測した。この顔文字が困り笑いを表す場面もあり得るが、この文には当てはまらない。

　(17)を読んだフランス語話者は、最後にある「^^」を見て、ホットドッグがすぐに売り切れ（てなくなっ）たというのはマイナスの情報なので、伝え方を和らげるために笑顔を表す「^^」が使われていると解釈した。

(17)　プレッツェルのホットドッグは珍しくて生地がモチモチして
　　　とっても美味しかったです☆
　　　すぐに売り切れていましたよ〜 ^^

　学習者は売り切れた結果に注目したが、ここでは売り切れた理由のほうに重点が置かれている。売り切れるほどおいしかったというプラスの面が書き手の伝えたいことであり、書き手の満足感を表す顔文字によってそのように理解することができる。
　このように顔文字は、一般の記号のように文の構成要素として使われるより、文を要約する挿絵のように添えられることが多い。そのため、顔文字だけを見て文の大意を推測することができ、長いクチコミを効率的に読むのを助けるキーワードにもなる。しかし、表情や動作を模した記号でも、意味の推測が難しい場合がある。

4. ネット上のクチコミの語彙に関する知識の不足

　ネット上のクチコミを読む難しさの要因として、レビューによく使われる語彙や表現に関する知識の不足も挙げられる。
　日本ではよく目にする語彙でも、外国に住む学習者にはなじみのないものもある。たとえば、比較的新しく使われるようになった語彙やさまざまな語形で使われるオノマトペなどは、辞書に載っていなかったり、載っていてもニュアンスがわかりづらいことがある。また、評価の程度を表す表現や慣用的な表現も、書き手の意図が伝

わりにくい場合がある。

　語彙に関する知識の不足によってどのような難しさが生じるかについて、(18)から(20)のタイプに分けて述べる。

(18)　比較的新しい語彙
(19)　オノマトペ
(20)　評価を表す表現

　(18)については4.1で、(19)については4.2で、(20)については4.3で詳しく述べる。

4.1 比較的新しい語彙

　比較的新しい語彙とは、新語と言えるほど新しいものに限らず、ある程度定着していても、辞書では見つかりにくいような語彙のことである。たとえば、造語、意味が変化した語、借用語などがある。
　(21)を読んだフランス語話者は、カタカナの語はなるべく辞書で調べるということだったが、「イマイチ」は辞書になかった。カタカナ表記であるため、外来語だと推測した。スペイン語話者も、「イマイチ」の意味がわからなかった。カタカナの語は、和製英語なのか、特別にカタカナで書かれた語なのか、わからないと言っていた。

(21)　ちょっと<u>イマイチ</u>なものもあったけど、

　「イマイチ」は「今一つ」を短縮した造語で、以前からよく使われているが、そのようなものでも辞書アプリなどにはないことがある。意味は「今一つ」とそれほど変わらない反面、語形の復元が難しいため、辞書になければ意味の推測は難しい。また、もともとは和語や漢語であっても、語形や意味が変化してカタカナ表記になると、さらに推測が困難になる。学習者は知らない語がカタカナ表記の場合、まず外来語やオノマトペなど特定の種類の語ではないかと考え、

それ以外の想定をしないことがある。

　(22)を読んだフランス語話者は「ビミョー」を調べて「微妙」の項目にある「delicate」という語義を見つけた。クチコミでは辞書と違いカタカナ表記だったことから、字義通りの意味ではないと推測したが、具体的にどのようなニュアンスなのかわからなかった。

(22)　すべてビミョーな感じ。。。。。

　「微妙」も「delicate」のように、どちらとも言い表せない様子を表すが、意味が変化した新しい用法の「ビミョー」では、明らかに否定的な評価を表す。このような「ビミョー」の用法は辞書に説明がないことが多く、意味を推測するのは難しい。

　(23)を読んだフランス語話者は、辞書で「ファミレス」が「ファミリーレストラン」のことだと知り、「ファミレスの味」を「家庭的な味」と解釈した。高級レストランに行くわけではなく、家庭的な味で十分だとして、肯定的にとらえた。また、スペイン語話者は、ファミレスの味を子ども向けの味という意味ではないかと推測した。

(23)　味はというと、、、ファミレスの味。

　ファミリーレストランは、借用語の「ファミリー」と「レストラン」を合わせた造語で、和製英語と呼ばれるものである。低価格帯のメニューが多く、営業時間が長い特定のタイプの飲食店のことで、子ども向けのメニューやサービスなどもあるが、客層は家族連れに限らない。この語が「味」を修飾すると、一般のレストランよりも質が落ちるというニュアンスになる。ヨーロッパにも類似する飲食店はあり、「ファミレスの味」の意味を理解できた学習者もいたが、「ファミリー」に注目して家庭的な店をイメージすると読み誤りにつながる。

　このようにかなり定着している語彙でも、学習者が使うアプリ辞書や辞書サイトに載っていなかったり、載っていても、辞書の記述だけで具体的な意味やニュアンスをとらえるのは難しいことがある。

4.2 オノマトペ

料理の説明にはオノマトペが多く使われるが、ネット上のクチコミでも、温度や食感、食べる様子などを表す、さまざまなオノマトペが見られる。しかし、知らないオノマトペについて、音だけで意味を推測するのは簡単ではない。

(24)を読んだドイツ語話者は、「モチモチ」は「餅」のようなものだろうかと考えたが、「美味しかった」という情報だけで十分だとして、「モチモチ」は読み飛ばした。

(24)　プレッツェルのホットドッグは珍しくて生地が<u>モチモチして</u>
　　　とっても美味しかったです☆

オノマトペがあれば、なるべく辞書で調べるという学習者もいたが、わからなければ飛ばして、それ以外の語彙から文の意味を推測しようとする学習者もいた。(24)では「美味しい」だけで大意はわかるが、それだけでは具体的な情報が得られないままとなる。特に「モチモチ」のように、物の状態だけでなく、それに対する評価も表す語は、意味を知っていればより詳しい情報が得られるので重要である。この語だけで、ちょうどいい具合の食感で書き手が満足したとわかるからである。

(25)を読んだフランス語話者は、「カピカピ」の意味がわからず辞書で調べたが、見つからなかった。そのため、検索エンジンに入力し、Q&Aサイトにある説明を見つけて、「乾いた」という意味だとわかった。しかし、それを「のどが渇いた」ととらえ、それが文脈に合わないことから、文の意味が理解できなかった。

(25)　イタリア料理のレシピはあるけど、味にそこまでの拘りを感
　　　じませんでした。
　　　和食やデザートも同じです。それに乾いてて<u>カピカピ</u>のもの
　　　が放置↓

「カピカピ」も物の状態だけでなく、評価も表す語である。「乾いていてよくない状態にある」という意味がわかれば、「乾く」の主語が喉ではなく、評価対象の料理であると解釈できたと考えられる。

（26）を読んだスペイン語話者は、「フランスパン」の話があるため、「パリ」をフランスのパリのことではないかと推測した。

(26)　ピザの生地は、フランスパン生地を使用しているのでしょうか、<u>外パリ</u>、中モチモチと行^{（ママ）}った感じで本格的なピザ☆

　学習者が辞書で調べた際も、「外パリ」という語を探したりしたため、「パリパリ」というオノマトペをすぐに見つけることはできなかった。オノマトペの語形はバリエーションがあり、もとの形がわからないと辞書で調べられないことがある。

　レビューに使われるオノマトペは語形が多様であり、辞書で調べるのが困難なことがある。意味の面では、音や様態だけでなく書き手の評価を表すものが多く、説明には便利でよく使われるが、学習者にとっては理解が難しい語彙でもある。

4.3 評価を表す表現

　レビューでは、評価を伝えるのにさまざまな表現が使われ、間接的な言い回しも多くみられる。学習者は語の意味がわかっても、書き手が実際にどう評価をしたのかを読みとれないことがある。

　（27）を読んだフランス語話者は、「結構美味しい」の意味自体はわかるが、単に「美味しい」「まずい」ではなく、「結構」をつけてほんの少しポジティブにしているだけでは、評価があいまいすぎて判断できないと言っていた。

(27)　鶏肉を使った料理が多かった気がしますが、味の方は<u>結構美味しかった</u>です。

　「結構」は予想より高い程度を表す。ここでは、美味しさについ

て思っていたよりレベルが高かったという肯定的な評価をしている。程度を表す語は多く、「まあまあ美味しい」と言うときの「まあまあ」のように不十分だという意味合いをもつ語もある。それぞれの語の意味を適切に区別できていないと、どのような評価か理解できないことがある。

　(28)を読んだドイツ語話者は、「ちょっとがっかり」の部分について、「悪い」とはっきり書いていないことから、それほど否定的なニュアンスは感じられないと言っていた。

(28)　ソースが単純でちょっとがっかり

　「ちょっと」は少量を表すが、(28)のように緩和表現として使われることもある。学習者は、「ちょっと」が「がっかり」の意味を弱めていると考えたが、ここでは「ちょっと」がなくても文の意味はほぼ変わらず、「ちょっと」は「がっかり」というネガティブな感想の伝え方を和らげるのに使われている。

　(29)を読んだドイツ語話者は、味の濃い薄いは料理のタイプによるものだとし、「味が濃すぎて」のところを否定的な評価とはとらえなかった。つまり、サラダなら味は薄いし、肉料理なら味は濃いと考え、濃すぎるということで悪い評価にはならないと判断した。

(29)　味は濃すぎてあまりたくさん食べることができませんでした。

　味について「濃い」「薄い」と言うときは、予想した味や期待した味よりも濃い、薄いということであり、そのことが特に評価されるような文脈でなければ、よい意味での解釈は難しい。よい意味であれば「濃厚」や「薄味」など別の語が使われることが多い。

　また、ここでは過剰を表す「すぎて」に注意する必要がある。過剰は、望ましい状態を超えていることを表すため、「濃すぎる」は否定的な評価であると理解できる。「すぎる」がよい意味に解釈できるのは、「おいしすぎる」や「味は濃すぎるくらいがいい」のように、「おいしい」や「いい」といったよい意味をもつ語と使われる場合に

限られる。この文ではそのような語はなく、「食べることができませんでした」というネガティブな結果も示されており、悪い評価という解釈にしかならない。

（30）を読んだフランス語話者は、「下手なイタリアン」を「あまりおいしくないイタリアンレストラン」と理解し、それよりよいと言われても、ポジティブな評価には思えないと言っていた。

（30）　…こんなのが何回も注文できるのですから凄いサービスですね、作り置きでないですよ。そして味が悪くない、<u>下手なイタリアンより美味しいです</u>。

「下手な〜より」は肯定的な評価を表す慣用的な表現である。最上級の評価を表すわけではないが、話し手あるいは聞き手の予想より評価がよかったときに使われることが多い。慣用的な表現は、個々の語の意味を組み合わせて全体の意味を推測することが困難なため、読み誤りにつながりやすい。

5. ネット上のクチコミの文構造に関する知識の不足

　ネット上のクチコミを読む難しさの要因として、さらに、レビューに使われるさまざまな文の構造の理解に必要な知識の不足が挙げられる。

　クチコミの文は、学習者にとってわかりやすい構造の文ばかりではなく、また、学習者が期待するような簡潔にまとめられたレビューはむしろ少ない。文の長さやクチコミに特徴的なスタイルに戸惑い、読むのが大変だと言う学習者も多い。実際、レビューの多くは書き手が自分の体験したことをおもしろく話したり、ぼやいたりするようなもので、間接的な言い回しのほか、一目では文の構造がわかりにくい、長めの会話調の文がたびたび出てくる。語と語、節と節、文と文との関係が理解できないと、知りたい情報を適切に読みとることが困難となる。

文構造に関する知識の不足によってどのような難しさが生じるかについて、(31)から(33)のタイプに分けて述べる。

(31)　反語的な疑問文
(32)　修飾関係がわかりにくい文
(33)　主語を特定しにくい文

　(31)については5.1で、(32)については5.2で、(33)については5.3で詳しく述べる。

5.1 反語的な疑問文

　反語的な疑問文は、評価や提案などを述べる場合に、間接的な言い方としてレビューでもよく使われる。このような疑問文を字義通りに解釈して文の意味を読み誤ることがある。桑原陽子(2015:113)も疑問形で述べられている意見は理解が難しいと指摘している。
　(34)を読んだ英語話者は、「何なのでしょう」や「いかがなものでしょうか」のような疑問文を見て、どう理解したらよいかわからないと言っていた。

(34)　ただブッフェで取りに行くところの料理やデザートは<u>何なのでしょう</u>、
　　　全くイタリアンを感じさせてくれません。
　　　中華、和食何でもござれとゆうのは<u>いかがなものでしょうか</u>。

　このような疑問文は、相手に回答を求めるような質問文とは異なり、反語的な意味や驚き、強調などを表す。ここでは、「これでいいのか。いいわけがない」という批判的な意見として解釈できる。なお、「何」のあとの「なの」や「いかが」のあとの「なもの」がなく、「何でしょう」や「いかがでしょうか」といった形であれば、質問文としての解釈もそれ自体では可能となる。ただし、人に話しかけるような文体のクチコミであっても、実際に相手に回答を求める

ような質問文が出てくることはない。クチコミのような不特定多数の読み手を対象とした文章に疑問文があれば、それは反語的な意味をもつ文であると考えることができる。こうした知識がないと、これらの文の解釈は難しい。

　(35)を読んだスペイン語話者は、「お子様をかなり見かけましたが??」を見て、食べ放題のレストランに子どもがいても普通なのに、なぜ質問になっているのかわからないと言っていた。

(35)　煙草は分煙らしいですが奥の方から副流煙が漂ってきました。まぁ　煙草の事は考えていないのでしょうね。安心してお子様を連れて行ける所なのでしょうか？
　　　フーズパークさんの方はお子様をかなり見かけましたが??

　「安心して」で始まる文は反語的な疑問文で、「子どもを連れて行ける所とは思えない」という批判的な意見を表している。批判の理由は、その前の文に示されているように、分煙であっても副流煙がほかの席にまで漂ってくるからである。この疑問文のあとには、「が??」で終わる別の疑問文が続く。これらのことから、この「が」のあとに来るべき内容が、同じく「?」で終わる前文の疑問文であることがわかる。この文を補足すると、「お子様をかなり見かけましたが、(副流煙が漂ってくるのに)安心してお子様を連れていけるところなのでしょうか？(連れていけるところだとは思えません)」という構造になる。

　反語的な疑問文も、会話であればイントネーションや話し手の表情などが理解の助けとなるが、書かれたクチコミにはそれがない。クチコミのような文章に使われる疑問文は反語的な意味や驚き、強調を表すという知識がないと、読み誤る場合がある。

5.2　修飾関係がわかりにくい文

　節と節がどのような意味関係にあるのか、また、修飾の範囲がどこまでなのかといった修飾関係に関わる点も、学習者にとって理解

が難しいことがある。

　（36）を読んだドイツ語話者は、「パスタ1皿の量が少なめ」と
「いろいろ食べれて嬉しい」がうまく結びつかず、文を理解できな
かった。

（36）　パスタも思っていたよりレベルが高かったです。<u>パスタ1皿
　　　の量が少なめなのも、いろいろ食べれて嬉しいです。</u>
　　　これで1500円でお釣がくるのだから人気が出るのも納得。

　「パスタ1皿の量が少なめなのも」のあとには読点があるが、ここ
で区切って「いろいろ食べれて嬉しいです」とのつながりを考える
よりも、「嬉しい」の対象が何であるかを考え、「パスタ1皿の量が
少なめなのも」と「嬉しい」をつなげて文を見るほうが理解しやす
い。そうすると、「量が少なめなのも嬉しい」となり、「いろいろ食
べれて」のテ形がその理由を表していることがわかる。言い換える
と、「いろいろ食べられるから、パスタ1皿の量が少なめなのは嬉し
い」となる。なお、ここで「少なめなの」に「も」が後続している
のは、前文で「レベルが高かった」という別の「嬉しい」理由が先
に述べられているからである。つまり、「レベルが高い」と「量が少
なめ」という2つの理由がつなげられているわけである。
　文は節と節との修飾関係がいつも学習者にとってわかりやすいよ
うな順番で書かれているわけではない。また、「量が少なめ」のよう
な、欠点にもなりうることが「嬉しい」につながるように、個々の
語の意味を見るだけでは文を理解するのに不十分であり、それぞれ
がどのような修飾関係にあるか理解することが重要となる。
　（37）を読んだフランス語話者は、最後の文を見て、同じ料金の
ビュッフェレストランはほかにないという意味だと誤って理解した。

（37）　平日の仕事終わりに食べに行きました。
　　　入ったのが22時くらいだったと思います。
　　　まだお客も沢山いて、ピザとパスタとアルコールを注文して、
　　　ビュッフェのおかずを取りに行こうとして…驚きましたよ。

小分けに区切られた皿を手に取ったはいいが、おかずが全部
　　埋まらないくらいに何もない。
　　空の大皿が点在し、新しく運んでくる様子もない。
　　これで開店直後と同じ料金はないでしょう(-"-;)

　学習者は「同じ料金」の前の部分に注目しなかったようだが、「料
金」を修飾しているのは「同じ」という1語ではなく、その前の部
分も含む「開店直後と同じ」である。文頭の「これ」はこの文の前
で述べられている料理の量やサービスを指している。「これで〜は
ない」は(これでは)対価に見合わない、割に合わないという意味の
慣用的な表現であり、この文では「(閉店間際の)このような料理の
量やサービスで、開店直後と同じ料金というのは割に合わない」と
いう批判的な意見が述べられている。どの部分がどの部分を修飾し
ているかという文全体の構造を理解するための知識がないと、文を
間違って理解することがある。

5.3 主語を特定しにくい文

　日本語文では、主語は明示する必要や特別な意図がなければ文に
表示されない。一方、節によって主語が異なる複文では、それぞれ
の主語が1つの文に現れることがある。こうしたさまざまな文で主
語を特定するには、文中の語と語の関係や文を超えた文脈を理解す
る必要があるが、それが困難な場合も見られる。
　(38)を読んだドイツ語話者は、「でも」で始まる文はレストラン
のサービスについての話ではなく、店員についてのコメントなので、
知りたい情報とは関係ない文だと判断した。

(38)　バイキングやオードブルによくあるような料理ばかりなので、
　　　味もそんな感じです。
　　　でも麺類やお肉は、店員さんがその場で調理して熱々をいた
　　　だけるので、とても良かったです。

学習者は、主語を表す「が」が「店員さん」に後続していること
から、この文には店員のしたことだけが書かれていると推測した。
しかし、「良かった」の主語は「麺類やお肉」であり、ここには学習
者が知りたかった料理についての情報が書かれている。この文では、
主節の主語「麺類やお肉」と述語「良かったです」の間に従属節
「店員さんが～ので」が組み込まれており、従属節の主語「店員さ
ん」のほうが主節の主語よりも主節の述語に近い位置にある。こう
したことからも、従属節の主語と主節の主語を混同して、読み誤る
ことがある。
　(39)を読んだドイツ語話者は、「つり合っていない」の主語が
「ピザやパスタ」だと推測した。そして、それまでに読んだほかの
クチコミに、ピザが美味しいという記述が多かったことから、パス
タよりピザのほうがよいという意味だと誤って理解した。

(39)　サラダや、前菜のブッフェですが、まあ普通といった所。
　　　ピザやパスタのクオリーティー^{（ママ）}とつり合っていない気がする
　　　のですが……

　「つり合っていない」の主語は前文の「サラダや、前菜」で、これ
らがピザやパスタのクオリティーとつり合っていないということで
ある。「クオリーティー」が「が」ではなく「と」に後続されている
点や、この文と前文との関係を見落としたことで、読み誤った。ま
た、この前文の主語である「サラダや、前菜」は、主語を表す
「が」を伴う形で出てこないため、手がかりとしてもわかりにくさ
があるかもしれない。さらに、ほかの多くのクチコミで特にピザが
高く評価されているという情報も、読み誤る要因となった。
　(40)を読んだフランス語話者は、「ひどいです」の主語が「味」だ
と考え、「ひどい」と言っても最後の文にあるように「ファミレスの
味」なら許容範囲の味だと解釈した。

(40)　二人で行って石焼ドリアとサラダを頼んだのですが,,, 遅
　　　い!!!

サラダすら全然こない。。。混んでもないのに、、どーなってるの??
流れてたハリーポッターを1時間くらい観た時に料理が来ました。。。
サラダもいっしょに。。。
ちょっとひどいです。
味はというと、、、ファミレスの味。

　「ちょっとひどいです」の文には主語が示されていない。その次の文は「味」が主語だが、学習者はこれを見て前文の「ひどい」の主語も「味」だと誤って理解した。問題となる文に主語がなく、その次の文で主語が表示されているときは、そこで文の主語が変わったと考えるのが一般的である。文のすぐ近くにある語が主語だと推測する前に、どのようなときに同じ主語の可能性があるか考える必要がある。たとえば、それまで述べてきた内容を結論づけるような文では、そこであらためて主語を明示することはあるが、ここでは、「味はというと」とあるように、話題が（サービスから）味に変わっているため、主語が同じであるという解釈はできない。

　この「〜はというと」が、話題が変わったときに使う表現であると知っていれば、学習者は「ひどい」の主語をそれより前にある文のなかから探したと思われる。その部分を読むと、頼んだ料理が1時間くらいして来たことが述べられており、「ひどい」のは料理ではなく、サービスであるとわかるだろう。

　このように、語と語の関係や文と文の関係を示す語に気づいて、適切に文の構造を理解しないと、関連のない部分をつなげて解釈しようとして読み誤ることがある。

6. まとめ

　ヨーロッパ在住の上級学習者を対象としてネット上のクチコミを読む難しさを調査した。結果をまとめると、ネット上のクチコミを

読む難しさとその要因は(41)から(43)である。

(41) ネット上のクチコミの表記に関する知識が不足している。た
とえば、「お洒落」のような特にネット上で多用される漢字、
「○」や「(>ω<)」のような書き手の気持ちや評価を表す記
号や顔文字についての知識である。そのため、語の意味や書
き手の意図を適切に推測することができない。

(42) ネット上のクチコミの語彙に関する知識が不足している。た
とえば、「ビミョー」のような比較的新しい語彙、「カピカピ」
のようなオノマトペ、「結構」のような評価を表す表現につい
ての知識である。そのため、語や文の具体的な意味や書き手
の実際の評価を適切に推測することができない。

(43) ネット上のクチコミの文構造に関する知識が不足している。
たとえば、「いかがなものでしょうか」のような反語的な疑問
文、やや複雑な構造の複文のように修飾関係がわかりにくい
文、主語が表示されていなかったり主語が複数あるといった
ことで主語を特定しにくい文、そうした文の構造を理解する
ための知識である。そのため、文の意味や書き手の意図を適
切に推測することができない。

(中島晶子)

付記

　調査データとして、穴井宰子さん(オックスフォード・ブルックス大学)、白
石実さん(バルセロナ自治大学)、村田裕美子さん(ミュンヘン大学)(五十音順)
が収集したデータを活用した。記して感謝申し上げます。

参考文献

桑原陽子（2015）「非漢字系日本語学習者がレストランのクチコミから情報を得るときの方略と困難点」『国立国語研究所論集』9: pp. 101–119. 国立国語研究所〔https://repository.ninjal.ac.jp/?action=repository_uri&item_id=472〕

野田尚史・穴井宰子・桑原陽子・白石実・中島晶子・村田裕美子（2015）「ヨーロッパの上級日本語学習者によるウェブサイトのクチコミの解釈―文化の相違による解釈の違い」『ヨーロッパ日本語教育』19: pp. 245–250. ヨーロッパ日本語教師会〔https://www.eaje.eu/media/0/myfiles/35%20Oral31%20Noda%20et%20al_.pdf〕

野田尚史・小西円・桑原陽子・穴井宰子・中島晶子・村田裕美子（2017）「実生活に役立つ初級日本語読解教材の作成と試用」『ヨーロッパ日本語教育』21: pp. 44–61. ヨーロッパ日本語教師会〔http://eaje.eu/pdfdownload/pdfdownload.php?index=60-77&filename=panel-noda-konishi-kuwabara-anai-nakajima-murata.pdf&p=venezia〕

野田尚史編（2020）『日本語学習者の読解過程』ココ出版

ネット上のクチコミを読む
教材の作成

1. ネット上のクチコミを読む教材の作成方針

　インターネットを使って買い物をしたり、ホテルやレストランの予約をしたりすることは特別なことではなく日常生活の一部である。自分のニーズにあったよりよい商品やサービスを手に入れようとするなら、候補となるものの情報を集め、それらを比較検討することになる。そのように複数の商品やサービスを比較検討するとき、ネット上のクチコミは有用な判断材料の1つである。買い物サイトやホテルの予約サイト、グルメサイトなどネット上のあらゆるサイトで商品やサービスに対するクチコミが公開されており、そこから効率的に情報を得られるかどうかによって、自分にとって最適な商品やサービスが入手できるかどうかが決まると言ってよい。

　このように考えると、クチコミを読むための教材は有用性が高く、あらゆる学習者にとってニーズが高いと考えられる。しかし、クチコミを効率的に読むための知識と技術を学ぶことができる教材は、現在のところほとんどない。それは、クチコミの書き方が多様であることが、理由の1つとして挙げられる。

　たとえば、同じサービス業であっても、ホテルのクチコミとレストランのクチコミとでは長さやスタイルが異なる。レストランのクチコミは日記のように語るタイプのものが散見されるが、ホテルのクチコミは端的に評価だけを述べるものが多い。さらに、評価を読みとるために必要な表現も大きく異なる。そのため、同じクチコミであっても、それを読むための教材は、ホテル、レストラン、洋服、電化製品などそれぞれについて個別に考えなければならない。

　さらに、クチコミを読む状況も多様である。クチコミを読む状況

の多様さとは、クチコミを読む側のニーズによって、何を読みとるかが異なることである。たとえば、誰かとおいしいものを食べるためによいレストランを探すという状況は誰にでも起こるものだが、同行するのが小さい子供連れの友人なのか高齢の両親なのかによって、店を選ぶために重視するものが変わり、それによってクチコミを読むために必要な知識が変わる。家族と旅行するためにホテルを探す場合も同様で、ホテルの立地、価格、部屋の広さなど何を重視してホテルを選ぶかによって読むために必要とされる知識は変わる。

　このようなクチコミ自体の多様さとクチコミを読む状況の多様さを考えると、クチコミのジャンルを特定せず、どのような状況にも有用なクチコミを読む教材を作ることは不可能である。しかし、読む目的がはっきりしており、自分にとって必要な情報が明確で、それを効率よく読みとればよいという点は、どんなクチコミを読む場合でも共通している。そのような読み方が求められるからこそ、読むための知識と技術を提供できれば、初級学習者でも必要な情報を読みとることができる。クチコミを読む教材の作成方針は(1)から(4)のようにまとめられる。

(1)　　読むための具体的な状況を設定する。
(2)　　検索機能を使った読み方に関する知識を提供する。
(3)　　ネット上の表現に特徴的な表記に関する知識を提供する。
(4)　　情報を読みとることに特化した学習項目を選定する。

　(1)については2.で、(2)については3.で、(3)については4.で、(4)については5.で述べる。

2. 読むための具体的な状況の設定

　情報を効率的に読みとる技術を学ぶためには、まず教材化するクチコミのジャンルを決める。ただし、ホテルのクチコミ、グルメサイトのクチコミ、映画のクチコミなどのジャンルを設定しただけで

は不十分である。

　たとえば、グルメサイトのクチコミの場合、同じ飲食店でも、居酒屋とイタリアンレストランとバイキングレストランとでは何を重視して店を選ぶかが異なり、店を評価するために使用される表現が異なる。評価するための表現の違いについて見ると、料理の味が良いことを評価する場合、ラーメン屋であれば「美味(うま)い」または「旨(うま)い」のほうが「美味(おい)しい」よりも使われる傾向がある。しかし、イタリアンレストランであれば「美味しい」が圧倒的に多い。

　このように店によってクチコミで使われる表現が異なるので、学習者がクチコミを読みたいと思う店のジャンルに応じた表現を学べるようにするために、店のジャンルを具体的に設定して教材を作成する。その上でさらに、具体的な読む状況を設定する。状況を設定することにより読みとるべき情報が絞られるので、そのために学ぶ表現も絞り込むことができる。このことを具体的に示すために、例としてバイキングレストランを取り上げる。

　バイキングレストランのクチコミから読みとる情報としては、まず料理がおいしいかどうかと、料理の種類が豊富かどうかが挙げられるだろう。一方、量については、ラーメン屋のクチコミでは評価対象となることはあっても、バイキングレストランでは必要ない。自身で食べる量を調節できるため、提供される料理の量についての言及がほとんどないからである。また、料金が定額であるため、一品ずつ注文する店なら評価対象になる値段も、評価の対象になりにくい。むしろ、単に値段が高いか安いかよりも、料理やサービスが値段に見合ったものかどうかが評価対象となり、値段を含めた総合的な評価の意味合いが強くなる。

　したがって、バイキングレストランのクチコミからは(5)のような情報を読みとれるようになればよい。

(5)　　a.　料理がおいしいかどうか
　　　　b.　料理の種類が多いかどうか
　　　　c.　店の雰囲気がよいかどうか
　　　　d.　サービスがよいかどうか

e.　総合的に満足できるかどうか

　さらに、飲食店を選ぶときには、特に重視したいメニューがあり、それについてクチコミから情報を探す場合がある。たとえば、居酒屋を選ぶときに魚料理が美味しいかどうか、日本酒が充実しているかどうかが判断基準になるように、バイキングレストランを選ぶときなら、デザートの評価が高いこと、ドリンクが充実していることを重視して選ぶことがある。バイキングレストランを探しているときに、(6)のような特定のメニューを重視して店を選ぶという状況を設定すると、読みとるべき情報として(7)が挙げられる。

(6)　　デザートの評価が高いバイキングレストランを探している。
(7)　a.　デザートがおいしいかどうか
　　　b.　デザートの種類が多いかどうか
　　　c.　デザートについて全体的な評価が高いかどうか

　(5)と(7)とを比べると、(7)のほうが読みとる情報が絞られていることがわかる。このように店のジャンルに加えて、店を選ぶ時の具体的な状況を設定することによって、その状況に特化した読みとるべき情報が明らかになる。そして、そのために必要な表現だけを学ぶことができる。
　さらに、(6)のように具体的な状況を設定することの利点は、クチコミの中から読むべき場所を素早く探せることである。このことについては、次の3.で述べる。

3. 検索機能を使った読み方

　グルメサイトはネット上にあり、そこで扱われている情報量は、紙媒体のレストラン情報とは比べ物にならないほど多い。そのため、膨大な情報の中からどうすれば素早く情報を得られるかを知らなければ、非効率的な読み方に陥ってしまう。特に、(6)のように特定

のメニューに絞って評価を読みとろうとするなら、どこに欲しい情報が書かれているのかを素早く探せることが大前提である。

　自分が知りたい情報がどこに書かれているのかを素早く探す読み方は、スキャニングと呼ばれる。たとえば『中・上級者のための速読の日本語』では、「速く読んで必要な情報を素早く得る」(p. 6)ことを目指して、特定の語や情報だけをできるだけ早く探すような練習が用意されている。このような読み方は、情報を効率的に得るために不可欠である。しかし、必要な情報を探す場合、目で探すことが可能な情報量には限りがある。

　一般にレストランのクチコミは長いものが多く、1つのクチコミに含まれる情報量はかなり多い。たとえば、(8)はバイキングレストランのクチコミの1つである。この中で、デザートについて書かれているのは下線部分だけである。

(8)　今日は映画の前のランチタイム。
　　何を食べるか悩んだ結果、前からマッドクラブが気になっていたこのお店へ。
　　タイ料理も良いけど、シンガポール料理は珍しい。
　　土曜日ですが12時前だからすんなり入店できました。
　　階が上だからか明るい店内で解放感があります。
　　さてさて、どんなメニューがあるのかな、お皿もっていざ突撃！

　　台に置かれているのは、サラダバー、
　　海老、焼きそば、お豆腐と卵の炒め物、チリソース、青菜とウズラの卵の炒め物、スープ、ナシゴレン、チキンライス、カレー、
　　カウンターではラクサと焼きそばのようなものをオーダーで頼めます。
　　1,500円では満足のいくメニューかな。<u>デザートも種類が豊富でした。</u>
　　当たり前だけど、クラブは無く残念、ただシンガポールの味

を楽しめましたよ。

　休日のランチ、場所もアクセス良く、色々食べたい時は良い
のかな。
　シンガポール料理を食べる機会があまりないので、初心者に
は良いのかな。
　マッドクラブは単品で頼めるので、これ狙いの方はランチで
も満足できるみたいです。
　でも私は今度はディナーに挑戦してみます。　　（「食べログ」，
「シンガポール・シーフード・リパブリック銀座」のクチコミ）

　(8)のクチコミが書かれたレストランには、2020年9月9日時点で
合計200以上のクチコミがあるが、その中でデザートについて言及
しているものは半数以下である。このような場合、クチコミに1つ
1つ目を通してデザートに関する記述を探すような読み方は現実的
ではない。ネット上に書かれたものを読む場合には、ネット上の機
能を積極的に使用することを学ぶべきである。そこで、教材では検
索機能を使うことについて、(9)のように明示する。

(9)　　複数のバイキングレストランのクチコミを対象に「デザート」
　　　で検索をかける。検索結果の「デザート」を含む文を読む。

　検索機能を使用することに関して、学習者が学ばなければならな
いのは、検索語として何を用いるのが適切かである。デザートにつ
いて情報を得たい場合、「デザート」だけでもかなりの情報が得られ
る。さらに検索語を追加するなら「スイーツ」であろう。飲み物の
場合は、「飲み物」と「ドリンク」が検索語として有用である。
　また、料理を含むサービス全体が値段に見合っているかどうかを
知るためには、「値段」「高い」「安い」で検索しても適切に読むべき場
所を探し当てられない。たとえば、(8)のレストランのクチコミ227
件に対して「高い」で検索すると、値段が高いことについての記述
は11件で、そのレストランの天井が高いことが8件、その他に女性

客の比率が高いこと、食材の希少価値が高いことなどが出てくる。値段とサービスの質を考えて総合的に満足したかどうかを読みとるために適切な検索語は(10)の2つである。

(10) コスパ、CP

どちらもコストパフォーマンスを意味しており、レストランのクチコミに特徴的な表現だが、上級日本語学習者でもその意味を知らないことが多い。

このように、教材ではどのような表現を検索に使用するかについても情報提供し、適切な検索語を用いて読む場所を探せるようにする必要がある。検索機能を使って読むべき場所を限定することにより、初級学習者でも必要な情報が素早く読みとれるようになる。

4. ネット上の表現に特徴的な表記

ネット上のクチコミでは、特徴的な表記が使われることが多い。「おいしい」は一般的にはひらがなで書かれることが多いが、ネット上のクチコミでは漢字を使った「美味しい」のほうがよく使われる。このような表記の違いは、「美味しい」と「おいしい」、「嬉しい」と「うれしい」のような漢字とひらがなの場合と、「イマイチ」と「いまいち」のようなひらがなとカタカナの場合がある。生の素材をそのまま読めるようになるためには、同じ語であっても表記が異なっていれば、それぞれを独立した別の学習項目として取り扱わなければならない。

一般的に、生の素材をそのまま読む練習をするのは中級以上の学習者向け教材である。一部の初級学習者向けの読む教材の中には、イベントのお知らせや飲食店のメニューなど生活の中で目にする素材から情報を読みとるものもあるが、それらの教材の練習素材は、残念ながら実際の素材で漢字、ひらがな、カタカナのどれを使って書かれているかが考慮されていない。実際には漢字で書かれている

表現であっても、初級学習者の漢字の知識に配慮してひらがなで書かれていたり、漢字に生の素材にはないルビがつけられたりしている。たとえば『たのしい読みもの55　初級&初中級』『初級で読めるトピック25』といった教材である。

　初級学習者でもクチコミから情報を読みとれるようになる教材では、たとえば、デザートがおいしくないことを示す表現について、学習項目を(11)のように示す。(11)は英語による解説をつけた教材の例であり、学習者の必要に応じて様々な言語の解説をつける。

(11)　イマイチ(not very good)
　　　　いまいち(not very good)
　　　　微妙(so-so)

　「イマイチ」も「いまいち」もどちらも「微妙」と同列に並ぶ独立した表現として扱っている。どちらに対しても"not very good"という英語訳をあて、同じ意味の表現であることを示す。その上で、「イマイチ」を「いまいち」よりも優先的に学ぶ必要があることを示すために、(11)では、「イマイチ」を「いまいち」よりも先に学習項目として提示している。「イマイチ」のほうが「いまいち」よりも出現頻度が高いからである。

　デザートについて全体的に評価が高いことを示す「嬉しい」もひらがなで書かれた「うれしい」より出現頻度が高い。「嬉」は初級の日本語教科書では使われない漢字だが、デザートの評価を読みとるためには覚えなければならない。教材では「嬉しい」と「うれしい」の両方を学習し、デザートに対する全体的な評価が高いことを(12)のような生のクチコミから読みとる練習ができるようにする。このような方針で教材を作れば、初級学習者でもクチコミから情報を素早く読みとれるようになる。

(12)　a.　あ、デザートの種類が多いのも嬉しいですよね(＊^^＊)
　　　　　　　（「食べログ」,「カスケイドカフェ」のクチコミ）
　　　　b.　デザートは、ケーキが10数種類にアイスクリームとホ

テルのビッフェならではのうれしさ。◎

（「食べログ」,「ザ・テラス」のクチコミ）

　なお、(12)b.には「うれしい」ではなく「うれしさ」と書かれている。「うれしい」も「うれしさ」も同様にデザートの全体的な評価が高いことを示していることがわかればよい場合、辞書形「うれしい」を学習項目とすることは必ずしも必要ではない。このことは次の5.で述べる。

5. 情報を読みとることに特化した学習項目の選定

　4.では、クチコミで実際に使われている表記に基づいて学習項目を選定した。5.では、活用語について、クチコミで実際に使われている形に基づいて学習項目を選定する。情報を読みとることに特化するならば活用形を網羅的に学ぶ必要がないことを示すために、5.1では語をどのような単位で切り出して学習項目として提示するか、5.2では肯定形と否定形をどのように扱うかについて述べる。

5.1 学習項目の切り出し

　「美味しい」は、クチコミに(13)のような形で現れる。

(13)　a.　デザートはどれも美味しいと思います。
（「食べログ」,「フレンチキッチン」のクチコミ）
　　　b.　デザートも食べやすくて美味しかったです。
（「食べログ」,「フレンチキッチン」のクチコミ）
　　　c.　デザートもどれも美味しくて大満足
（「食べログ」,「フレンチキッチン」のクチコミ）
　　　d.　残念だったのはデザートのケーキが美味しくなかったこととお料理の数が少なかったこと。
（「食べログ」,「カスケイドカフェ」のクチコミ）

e.　デザートは、あんまり美味しくないと思いました。

　（13）のクチコミの中から、下線部分の「美味しい」「美味しかった」「美味しくて」「美味しくなかった」「美味しくない」を抜き出せる学習者は、これらの表現がすべて「美味しい」の活用形であり、a.の「美味しい」、b.の「美味しかった」、c.の「美味しくて」が肯定で、d.の「美味しくなかった」、e.の「美味しくない」が否定であると知っている学習者である。つまり、活用形をすでに網羅的に学んでいる学習者であり、具体的には（14）のような知識を持っている。

（14）　「美味しい」は形容詞の辞書形である。「美味しくない」は否定形で、「美味しい」の「い」をとって「くない」をつけた形である。「美味しかった」は「美味しい」の過去形で、「美味しくなかった」は「美味しかった」の否定形である。「美味しくて」は後ろに別の活用語を接続するときの形で、「美味しい」の「い」が「くて」に変わって「美味しくて」になっている。

　　学習者が（14）のような知識を持っていることを前提として、一般的な読解教材では、辞書形「美味しい」しか語彙リストに載せていない。
　　しかし、クチコミにデザートの味がよいと書かれていることがわかるためには、（14）の知識をすべて持っていなくてもよい。肯定か否定かの区別ができることだけが必要だからである。過去形かどうかは味についての評価に影響しないので、「美味しい」と「美味しかった」の区別ができる必要はない。つまり、「美味しい」「美味しかった」「美味しくて」の3つに共通する「美味し」が料理の味がよいことを表すことがわかればよいのである。否定形ついては、「美味しくなかった」「美味しくない」に共通する「美味しくな」が味がよくないことを示すことがわかればよく、やはり過去形かどうかの区別は必要ない。したがって、学習者が覚えるべき表現は（15）であり、（16）のような知識を提供すればよい。

（15）　美味し

（16）　「美味し」の後に「くな」がなければ、おいしいという意味である。「美味し」の後に「くな」があれば、おいしくないという意味である。

　読むための知識は、読むプロセスに沿って書く。（16）は学習者が文字列を目で追いながら「美味し」を探し、それが見つかった後で「くな」の有無を確認するという理解の過程に沿った書き方になっている。そのことは、（17）のような産出する過程に沿った書き方と比較するとわかりやすい。

（17）　おいしいことを表す場合は、「美味し」の後に「くな」をつけずに「い」をつける。おいしくないことを表す場合は、「美味し」の後に「くな」をつける。

　肯定か否定かを「くな」の有無で区別すると、「美味しくなった」「美味しくなる」も否定とみなされてしまうのではないかという疑問が生じるだろう。しかし、実際のクチコミの中には、「美味しくなった」「美味しくなる」はほとんど出現することはない。そのため、バイキングレストランのデザートの味についての評価を読みとる上では、（15）（16）の知識を提供すれば必要な情報を読みとることができる。

　これらの知識を使って、（18）のような文からデザートがおいしいと書かれているかどうかを読みとる。

（18）　その他にもたくさんの料理もあり、デザートも美味しくて大変満足しました　　（「食べログ」、「ザ・テラス」のクチコミ）

　「美味し」があり、その後に「くな」がついていないことから、（18）ではデザートがおいしいと書かれていると判断することができる。

5.2 否定形の扱い

　クチコミでは、料理の味がよいこととよくないことの両方についての言及がある。そのため、(15)では学習項目として「美味し」を挙げ、それに否定を表す「くな」がついているかどうかによって、料理の味がよいと書かれているかどうかを読みとることを示した。これは、(19)のデザートの種類が多いかどうかを表す表現「多」についても同様である。(20)は肯定と否定を見分けるための知識である。

(19)　多

(20)　「多」の後に「くな」がなければ多いという意味である。「多」
　　　の後に「くな」があれば、多くないという意味である。

　一方、デザートの種類が多いことを示す「豊富」については、肯定否定を見分けるための知識は必要ない。「豊富ではない」「豊富じゃない」のような否定の表現がクチコミにほとんど出現しないからである。同様のことが(21)にも言える。

(21)　少な

　クチコミの中では、「少なかった」「少なくて」「少ない」は見られるが、「少なくない」「少なくなかった」はほとんど見られない。そのため、否定の形は学習項目として取り上げる必要がない。
　このように学習項目として取り上げる表現には、クチコミから情報を読みとるために必要なものだけを選択し、出現しない形は選ばない。文法の学習において活用語を学ぶときには、肯定形と否定形の両方をいっしょに学ぶのが一般的である。しかし、読むことに特化した教材では、活用形を網羅的に学ぶ必要はなく、素材中に現れる形だけを学べるようにする必要がある。
　なお、(19)の「多」は量が多い場合にも使われ、量と種類を明確に区別しようとするならば「種類が多い」のように書かなければな

らない。しかし、バイキングレストランのクチコミで「多」が使われるのは種類の多さについて書かれている場合がほとんどであり、「種類」「品数」にわざわざ言及しないものもある。たとえば(22)のようなクチコミである。

(22)　デザートもめちゃくちゃ多かった。
　　　　　　　　　　　　（「食べログ」,「フレンチキッチン」のクチコミ）

　そこで、(20)に加えて(23)のような解説を付け加えるとよい。

(23)　バイキングレストランでは、量が好きなだけ食べられるので、デザートの量が多いかどうかは気にしないのが普通である。そのため、「多」は量が多いことではなく種類が多いことを表す。

　(23)のような知識を提供することによって、「種類」「品数」などの表現を覚える必要がなく、学習者の負担を減らすことができる。

6. まとめ

　これまでに述べてきたように、ネット上のクチコミを読む教材を作成するためには、(24)から(27)の方針で作成すればよい。

(24)　ネット上のクチコミは、クチコミのジャンルだけでなく探したい店の種類や店を探す状況によって、読みとるべき情報が大きく変わり、覚えなければならない表現が異なる。そこで、読むための具体的な状況を設定する。たとえば、レストランのクチコミの場合、ラーメン屋を探すのかバイキングレストラン探すのかを特定する。さらに、バイキングレストランの場合なら、「デザートの評価が高い店を探す」といった具体的な状況を設定すれば、読む目的に特化した表現を学ぶことが

できる。

(25)　ネット上のクチコミは、情報量が膨大であるため、検索機能を使って読むことができるような知識を提供する。何を検索語として用いれば効率よく読むべき場所を探せるかについての知識が必要なので、読む状況に応じた適切な検索語を明示する。

(26)　ネット上のクチコミでは、特徴的な表記が使われるので、それに関する知識を提供する。たとえば、一般的にはひらがなで表記される「おいしい」は「美味しい」と漢字で表記される傾向があるので、「美味しい」と「おいしい」の両方を学習項目として取り上げる。

(27)　活用語についてその活用形を網羅的に学ぶのではなく、情報を読みとることに特化した形を学習項目として選定する。たとえば「美味しい」であれば、肯定の場合は「美味し」、否定の場合は「美味しくな」のように「くな」の有無によって見分けることができる。これは、クチコミ中に現れる「美味しい」の活用形から導き出されたものであり、学習項目には「美味し」「美味しくな」の2つを取り上げる。

（桑原陽子）

調査資料

『初級で読めるトピック25』, 牧野昭子・澤田幸子・重川明美・田中よね・水野マリ子, スリーエーネットワーク, 2014

『たのしい読みもの55　初級＆初中級』, できる日本語教材開発プロジェクト, アルク, 2014

「食べログ」,「カスケイドカフェ」のクチコミ［https://tabelog.com/tokyo/A1308/A130802/13002176/dtlrvwlst/］

「食べログ」,「シンガポール・シーフード・リパブリック銀座」のクチコミ［https://tabelog.com/tokyo/A1301/A130101/13058590/dtlrvwlst/B116898702/?use_

type=0&rvw_part=all&lc=0&smp=1#4887420］

「食べログ」,「フレンチキッチン」のクチコミ［https://tabelog.com/tokyo/A1307/
　　　A130701/13003997/dtlrvwlst/］

「食べログ」,「ザ・テラス」のクチコミ［https://tabelog.com/tokyo/A1303/A130302/
　　　13004488/dtlrvwlst/］

『中・上級者のための速読の日本語』第2版, 岡まゆみ, ジャパンタイムズ, 2013

第 4 部

白 書

を読む教材

白書に書かれている内容と表現

1. 白書の特徴

　白書とは、中央官庁が編集し、国政の分野ごとにその年の現状と課題がまとめられ、国民に公表される報告書である。現在、各省庁から約50の白書が刊行され、インターネットで読むことができる。「白書の調べ方」によると、その内容は「政治、経済、社会の実態および政府の施策の現状について国民に周知させることを主眼とするもの」である。

　白書に書かれている内容は、大きくまとめると(1)と(2)の2つになる。そして、これらは常に(1)が先で(2)が後という順番で書かれている。

(1)　現状：現在、どのような状況であるか
(2)　課題：今後、何が行われるべきか

　(1)には、取り上げられた事柄についての現状、行われた施策や措置が説明されている。一方、(2)には、(1)を踏まえ今後解決すべき点や実施される施策が説明されている。

　たとえば(3)は、白書から引用した(1)の「現状」を表す例である。(3)では、若者たちの意識の変化という現状が、NPO法人への相談件数のデータを挙げながら説明されている。

(3)　一方、近年大きな社会変化が生まれている。第一は、若者たちの「生活環境を変えたい」という意識の変化である。田舎暮らしやUIJターン、田舎と交流をしたい方々をサポートす

るNPO法人である「ふるさと回帰支援センター」への相談件
数は、平成20年の2,475件が平成30年には4万件まで増加し
ている。また、同センターへの問合せ・来訪者数のうち50%
以上が20代・30代であり、40代まで含めれば、70%以上に
達する。

（『地方財政白書　平成31年版（平成29年度決算）』p. 184）

　(3)の直後に続くのが(4)である。(4)では、(2)に当たる今後の
「課題」が述べられている。

(4)　　このような若者たちの大きな意識の変化を捉えて、地方への
　　　人の流れを作っていくことが、疲弊した地方の課題を解決す
　　　るために重要であると考えられる。

（『地方財政白書　平成31年版（平成29年度決算）』p. 184）

　ある事柄についての現状と課題を説明する白書の特徴は、さらに
具体的には(5)から(10)のようにまとめられる。(5)は白書の図表
の特徴である。

(5)　　現状を正確に伝えるために多くの統計データが使われており、
　　　統計データは、さまざまな図表の形で視覚的にわかりやすく
　　　表されている。

　(6)から(10)は白書本文の文章の特徴である。

(6)　　取り上げられた事柄の現状は、参照された図表、あるいは写
　　　真の要点を述べながら解説されている。
(7)　　現状は、その事柄の過去から現在までの推移を述べたり、他
　　　の項目との比較の結果を対比的に述べたりしながら詳しく解
　　　説されることがある。
(8)　　現状の解説が中心であるが、現状を生んだ原因についても述
　　　べられることがある。

（9）　現状は、1つのデータだけでなく、複数のデータを挙げなが
　　　ら多面的に解説されることがある。
（10）　現状を踏まえ、現在の良い状態をさらに良くするための課題、
　　　あるいは現在の問題を解決するための課題、今後実施される
　　　施策が述べられている。

　2.から7.では、（5）から（10）の内容の特徴に対応し、どのような
表現が使われているかを詳しく述べる。（5）については2.で、（6）に
ついては3.で、（7）については4.で、（8）については5.で、（9）につ
いては6.で、（10）については7.で述べる。

2. 図表に現れる表現

　図表は、数値の大きさや増減を視覚的に表示でき、理解の大きな
助けとなる。したがって、白書には多様な図表が数多く見られる。
　図表で読むべき部分は、図表タイトルと図表本体に分けられる。
図表タイトルに現れやすい表現については2.1で、図表本体に現れ
やすい表現については2.2で述べる。

2.1 図表タイトルに現れる表現

　図表タイトルに現れやすい表現の1つ目の例は、「別」である。た
とえば（11）は、石油製品の消費量が「用途」によって分けて表され
ている図のタイトルである。「別」の直前にある「用途」が消費量を
分類する基準である。「別」は図表の中で何を基準として分類され
ているかを表す重要な語である。そのため、「別」は図表タイトルに
現れやすい。

（11）　石油製品の用途別消費量
　　　　　　　　　　　　　　　（『エネルギー白書　2019年版』p. 166）

図表タイトルに現れやすい表現の2つ目の例は、「推移」である。
　たとえば(12)は、ETC（自動料金収受システム）の利用率の変化につれて高速道路が渋滞している時間も変化したことが表されている図のタイトルである。現状を正確に伝えるためには、過去と比較し現在までの変化を理解することが重要である。そのため、「推移」は図表タイトルに現れやすい。

(12)　ETC利用率と渋滞損失時間の推移
　　　　　　　　　　　（『国土交通白書　2019　令和元年版』p. 36）

　図表タイトルに現れやすい表現の3つ目の例は、「の」「における」である。タイトルは、文ではなく名詞句であるため、タイトルの最後にある名詞を修飾する形にする必要がある。そのため、(13)の「の」、(14)の「における」のような表現が図表タイトルに現れやすい。また、特に「の」は、「からの」「との」などのように複合して使われることも多く、(15)のように非常に長い図表タイトルになることもある。

(13)　新たな経営の担い手の推移
　　　　　　　　　　　　　（『中小企業白書　2019年版』p. 164）
(14)　主要国における高齢化率が7%から14%へ要した期間
　　　　　　　　　　　　　（『高齢社会白書　令和元年版』p. 8）
(15)　中国による対抗措置対象品目の米国からの中国の輸入額（品目別）　　　　　　　　　（『通商白書　令和元年版』p. 235）

2.2　図表本体に現れる表現

　図表本体に現れやすい表現の1つ目の例は、「億」「兆」などの数の単位を漢字で表す語である。たとえば図1では、図の左軸の上に「兆元」と書かれている。「億」や「兆」などの数の単位は、個人の日常生活ではあまり使わない規模の単位ではあるが、白書が対象とする社会や経済などの国家的規模の話題を解説するときにはよく使

われているものである。

　図表本体に現れやすい表現の2つ目の例は、凡例に現れる「右軸」「左目盛」などである。たとえば図1では、凡例を表す左上の四角で囲まれた部分の中に「伸び率（右軸）」と書かれており、伸び率の数値について右の参照軸を見るべきであることが示されている。白書には、1つの図にさまざまな数値が盛り込まれ、数値の大小や変化が視覚的にわかりやすく示されていることが多い。「右軸」「左目盛」などの表現は、複数の種類の数値がある図の中で、左右どちらの参照軸にその数値の値が書いてあるかを示すものである。

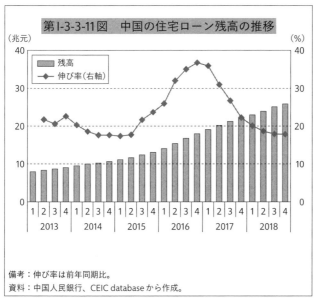

図1：白書の図の例
（『通商白書　令和元年版』p. 66）

3. 図表の要点を表す本文の表現

　本文の書き方は白書によってさまざまであるが、取り上げた事柄の現状について図表の要点を示しながら解説する場合が多い。白書

には、たとえば「～をみると」「～別にみると」「～すると」のような「［動詞］＋と」の形をした表現と図表番号がよく現れ、この2つの位置関係によって図表の要点が書かれた部分を特定することができる。文章の中での、「［動詞］＋と」の形をした表現と図表番号との主な位置関係は、大きく3つに分けられる。

　1つ目は、「［動詞］＋と」の形をした表現が先にあり、図表番号が段落末にある場合である。この場合、「［動詞］＋と」の形をした表現と図表番号の間の部分が、図表からわかることの要点である。たとえば(16)では、「みると」の「と」と図表番号の「（第1-1-28図）」の間にある点線の下線部分が、第1-1-28図からわかることの要点である。

(16)　男性が子育てや家事に費やす時間をみる<u>と</u>、2016（平成28）年における我が国の6歳未満の子供を持つ夫の家事・育児関連時間は1日当たり83分となっており、2011（平成23）年調査に比べて16分増えているものの、先進国中最低の水準にとどまっている。<u>（第1-1-28図）</u>

　　　　　　　　　　　　　　（『少子化社会対策白書　令和元年版』p. 29）

　2つ目は、「［動詞］＋と」の形をした表現の直後に図表番号が書かれている場合である。この場合、図表番号に続く部分が、図表の要点が書かれた部分であることがある。たとえば(17)では、「プロットすると」の後に続く図表番号「（第2-1-3図(1)）」と、「ことがわかる」に挟まれた点線の下線部分が、図表からわかることの要点である。

(17)　日本の労働者を定型業務量(RTI)が低い順に4分割し、それぞれの区分における週当たりの労働時間をプロットする<u>と</u><u>（第2-1-3図(1)）</u>、定型業務が多い（少ない）人ほど、労働時間が短く（長く）なっている傾向があることがわかる。

　　　　　　　　　　　　　　（『経済財政白書　平成30年版』p. 139）

3つ目は、図表番号に続いて「により」がある文の後に、「[動詞]＋と」の形をした表現を含んだ文がある場合である。この場合、「と」の後の部分が図表の要点が書かれた部分であることがある。たとえば(18)では、「第1-(1)-7図により」という図表番号を含む文がある。そして、次に「業種別にみると」という「[動詞]＋と」の形をした表現がある文が続いている。この「と」に続く点線の下線部分が、第1-(1)-7図の要点である。

(18)　企業の業況判断が上向いている中、設備投資の動きについて<u>第1-(1)-7図により</u>確認していく。まず、短観における生産・営業用設備判断D.I.を<u>業種別にみる</u>と、製造業では2017年9月調査より過剰感が不足感に転じており、非製造業では2013年9月調査以降不足感が続いている。

(『労働経済白書　平成30年版』p. 11)

　このように、白書では図表の要点を示しつつ解説が行われており、「[動詞]＋と」の形をした表現と図表番号がよく現れる。この2つの位置によって、本文のどこに図表の要点が書かれているかがわかる場合がある。

4. 推移と対比を表す本文の表現

　白書では、取り上げた事柄の現状を詳しく解説するために、過去のデータと比べて過去から現在までの推移を説明したり、他の項目と比較した結果を対比的に説明したりすることがある。推移を表す表現については4.1で、対比を表す表現については4.2で述べる。

4.1 推移を表す表現

　推移を表す表現は、「推移そのものを表す語」と「推移の程度を表す語」に分けられる。

「推移そのものを表す語」とは、「上昇」「減少」「高止まり」「底を打つ」「最大」「最低」「横ばい」「伸び」「伸び悩み」「回復」「達する」「上回る」「転じる」などの変化を表す表現である。(19)で実線の下線がある表現がこれに相当する。

　一方、「推移の程度を表す語」とは、「大きく」「やや」「おおむね」「緩やかに」「急激に」などの変化の度合いを表す表現である。(19)で点線の下線がある表現がこれに相当する。

(19)　2017年の情報通信産業*¹の名目国内生産額は97.5兆円であり、情報通信産業は、全産業の9.7%を占める最大の産業である（図表3-1-1-1）。2000年時点が116.6兆円で最大となったものの、その後はいわゆるITバブル崩壊を反映し、おおむね減少傾向で推移した。2005年を底として回復に転じ、2007年には113.8兆円に達したが、2008〜2009年のリーマンショックの影響で大きく減少し、2009年時点で98.9兆円にまで減少した。　　　　　　　　　　（『情報通信白書　令和元年版』p. 218）

4.2　対比を表す表現

　対比を表す表現は、項目を取り上げる「は」「では」と、複数の項目の内容を対比的に示す「のに対し」「一方」「他方」などである。

　たとえば(20)では、「では」と「のに対し」によって、取り上げられた複数の項目の内容が対比的に説明されている。(20)は、貸出残高が伸びているユーロ圏と日本を取り上げ、貸出先の内訳を詳しく説明した文章である。(20)では、2か所の「では」によって、ユーロ圏と日本が比較する対象として取り上げられている。「ユーロ圏では」の後から「のに対し」の前までの点線の下線部分と、「日本では」の後から図表番号の前までの点線の下線部分で、それぞれの国・地域の貸出先の内訳が詳しく対比的に説明されている。

(20)　銀行の貸出残高の動向をみると、日欧ともに貸出残高は堅調に伸びている。貸出先の内訳をみると、ユーロ圏では非金融

法人への貸出が伸びず個人向けに偏っているのに対し、日本
では個人向けに加えて、中小企業向けについても堅調に貸出
残高が伸びている（第1-4-5図(3)(4)）。

（『経済財政白書　平成30年版』p. 119)

　(21)では、「は」と「一方」によって、取り上げられた複数の項
目の内容が対比的に説明されている。(21)は、河川と湖沼の水質
環境基準の達成率を取り上げ、その達成率の推移を説明した文章で
ある。(21)では、2か所の「は」によって、河川における水質環境
基準の達成率と湖沼の水質環境基準の達成率が比較する対象として
取り上げられている。2行目の「は」の後から4行目の「一方」の前
までの点線の下線部分と、5行目の「は」の後から図表番号の前ま
での点線の下線部分で、それぞれの達成率の推移が詳しく対比的に
説明されている。

(21)　これら取組の結果、河川における水質環境基準(BOD)の達
　　　成率は、長期的に見ると上昇傾向にあり、平成29年度は約
　　　94%にもなるなど、現在では相当程度の改善が見られるよう
　　　になっている。一方、湖沼の水質環境基準(COD)の達成率
　　　は40%台を横ばいで推移していたが、平成15年度に初めて
　　　50%を超え、平成29年度には約53%となった(図表1-2-33)。

（『水循環白書　令和元年版』p. 104)

5. 現状を生んだ原因を表す本文の表現

　白書の本文には、現状を生んだ原因について書かれていることが
ある。原因を表す表現はさまざまあるが、ここでは2種類の表現を
取り上げる。
　1つ目の例は「背景」である。(22)から(26)をはじめとしたさま
ざまなバリエーションがあり、原因と結果が書かれる位置も表現に
よって異なる。

(22) ［原因］を背景として［結果］。

(23) ［原因］を背景に［結果］。

(24) ［結果］。［原因］が背景である。

(25) ［結果］。［原因］が背景にある。

(26) ［結果］。その背景としては［原因］がある。

　たとえば(27)では、「を背景として」の前にある「経済成長と電力需要の伸び」が原因である。そして、「を背景として」の後ろにある「原子力発電の導入を進めています」が結果である。

(27)　トルコは、経済成長と電力需要の伸びを背景として、原子力発電の導入を進めています。

（『原子力白書　平成30年度版』p. 408)

　2つ目の例は、「により」「もあり」「ことから」である。(28)から(30)で示されているように、これらの表現の前に原因が、後ろに結果が書かれている。「により」と「もあり」は、前に名詞以外の品詞が来るときは、前の部分を名詞化するための「こと」が必要になる。

(28) ［原因］(こと)により［結果］。

(29) ［原因］(こと)もあり［結果］。

(30) ［原因］ことから［結果］。

　たとえば(31)では、「ことから」の前の「東洋インキグループでは、社員食堂で毎日昼食をとる社員が多い」が原因である。そして、「ことから」の後ろの「社員食堂を通じた栄養バランス改善の取組を実施しています」が結果である。「から」は、単独でも原因を表す表現であるが、「ことから」のほうが文体的に硬いため、白書には好まれるようである。

(31)　東洋インキグループでは、社員食堂で毎日昼食をとる社員が多いことから、社員食堂を通じた栄養バランス改善の取組を

実施しています。　　　　　　　（『食育白書　令和元年版』p. 80）

　また、1文の中に原因の表現が2つ使われていて、重層的な構造になっている場合もある。たとえば(32)では、「により」と「ことから」が使われている。「により」の前の「上記「段階的に刷新する方式」の採用」が原因で、「により」の後ろの点線の下線部分の「複数のシステム開発が同時並行的に実施される」が結果である。また、この点線の下線部分は、「ことから」の前にある。そのため、この点線の下線部分は、「ことから」の後にある「「特許庁 PMO（Program Management Office）」を設置」するということの原因でもある。

(32)　また、上記「段階的に刷新する方式」の採用により、複数のシステム開発が同時並行的に実施されることから、「特許庁 PMO（Program Management Office）」を設置し、全体を見渡したプロジェクト進捗管理を着実に実施可能としている。
　　　　　　　　　　　　（『特許行政年次報告書　2019年版』p. 146）

　白書本文では、現状についての解説が中心ではあるが、このようにさまざまな原因の表現を使って現状を生んだものごとが説明され、現状がより詳しく伝えられることがある。

6. 別のデータによる分析の開始を表す本文の表現

　白書では、単一のデータからわかる事実によって一面的な理解に終わらないように、新たな別のデータを使って現状を別の角度から掘り下げて説明する場合がある。このような場合、「そこで〜確認する」や「そこで〜見てみる」のような、別のデータを使った分析の始まりを表す表現が現れることがある。
　たとえば(33)は、パートタイム労働者の労働時間について書かれた文章である。この文章に対応する図表は第1-(3)-5図で、この図表には「パートタイム労働者の月間総実労働時間」というタイト

ルの図が左に、「就業時間数の増減希望別に見た労働者数（2017年）」というタイトルの別の図が右に並べられている。

　(33)に引用した文章の直前の部分では、第1-(3)-5図の左の図が参照され、月間総実労働時間が減少していることが説明されている。

　一方、(33)では、第1-(3)-5図の左図からわかる「パートタイム労働者の月間総実労働時間が減少している」という事実が現状の説明として十分かどうか検証するために、第1-(3)-5図の右図が紹介され、検討が行われている。その結果、点線の下線部分が示すように、実際の労働時間と労働者の希望する労働時間との間に隔たりがあるという新たな事実が指摘されている。

(33)　パートタイム労働者の月間総実労働時間が減少していることを確認したが、実際には就業者の労働時間に関する希望と必ずしも合致していない可能性がある。そこで、第1-(3)-5図の右図により、月末1週間の就業時間が1～34時間の雇用者において、就業時間の増減希望の状況を確認していく。

　　2017年の状況をみると、減少を希望する者が127万人である一方で、就業時間数の増加を希望する者が249万人となっており、減少を希望する者の約2倍の水準となっている。

（『労働経済白書　平成30年版』p. 49）

　(33)の1段落目は、「データ1からある結果が引き出せるが、別の側面が存在する可能性もある。そこで、データ1とは別のデータ2を確認する。」のような流れを持つ。その後に、2段落目のような「データ2によって明らかになったこと」が続く。

　このように、「そこで～確認する」のような文により、新たなデータを使った多面的な分析が始まることが示される。白書には文が長いものが多く、そのうえ、別の角度からの分析は複数の段落にわたる。そのため、あるデータからわかったことが書かれている部分と、同じ問題を別のデータから検討した内容が書かれている部分の関係性が見えにくくなりがちである。しかし、「そこで～確認する」のような表現から、まったく別の話題に変わったのではなく、前に述べ

られた話題についてのより深い分析が始まったことが理解できる。

7. 今後の課題と施策を表す本文の表現

　白書本文では、現状の分析が終わると、それに続いて今後の課題、そして、今後実施される施策が説明されている。

　今後の課題を表すのは、文末に現れる「〜が重要である」「〜が望まれる」「〜に留意する必要がある」「〜が必要である」「〜が求められている」「〜が大きな課題である」のような表現である。このような表現がある場合、これらの前に来る部分に課題が書かれている。たとえば(34)では、「が重要である」の前に来る点線の下線部分が課題を表している。

(34)　子供や若者の覚醒剤や大麻等の乱用の実態を把握し、その乱用の危険性や有害性について、広報啓発、教育に取り組むことが重要である。　　（『子供・若者白書　令和元年版』p. 141)

　今後の施策を表すのは、文末に現れる「〜を促進する」「〜を行う」「〜を実施する」「〜を図っていく」のような表現である。このような表現があった場合、これらの前に来る部分に今後実施を計画している施策が書かれている。たとえば(35)では、「を促進する」の前にある点線の下線部分が今後の施策を表している。

(35)　ドライブ観光の促進のため、「道の駅」の電気自動車(EV)の充電施設及びWi-Fiの整備を促進する。
（『観光白書　令和元年版』p. 194)

　なお、このような今後実施を計画している施策は、白書によっては1章をあてて項目ごとに分けて書かれている。これは、「令和X年度の［対象分野名］に関する施策」のような見出しを持つ部分で、白書の最終章周辺にまとめて書かれている。たとえば、『防災白書

令和元年版』の第3部「令和元年度の防災に関する計画」や、『男女共同参画白書　令和元年版』のⅡの第2部「令和元年度に講じようとする男女共同参画社会の形成の促進に関する施策」がこれにあたる。こうした部分にも今後の施策を表す表現がよく現れる。

8. まとめ

　白書は、政治、経済、社会に関する施策を読者に知らせるための資料である。その内容と表現については、(36)から(42)のようにまとめられる。

(36)　白書に書かれている内容は、取り上げられた事柄の現状と課題であり、常に現状が課題の前に書かれている。

(37)　現状を正確に伝えるために多くの統計データが使われ、それを視覚的にわかりやすく表した図表が数多く使われている。図表タイトルには、「別」「推移」のような表現が使われている。図表本体の中では、「億」「兆」「右軸」のような表現が使われている。

(38)　白書本文では、取り上げられた事柄の現状が、参照された図表、あるいは写真の要点を述べながら解説されている。この解説部分には、「〜をみると」のような表現や、「(第1-1-28図)」のような図表番号を表す表現が使われている。

(39)　取り上げられた事柄の現状は、その事柄の過去から現在までの推移を述べたり、他の項目との比較の結果を対比的に述べたりしながら詳しく解説されることがある。推移を表す部分には、「上昇」「大きく」のような表現が使われている。対比を表す部分には、「のに対し」「一方」のような表現が使われている。

(40)　現状を生んだ原因についても述べられることがある。原因を表す部分には、「背景」「ことから」のような表現が使われている。

(41)　現状が1つのデータだけでなく、複数のデータを挙げながら
　　　多面的に解説されることがある。別のデータを使った分析が
　　　始まる部分には、「そこで〜確認する」のような表現が使われ
　　　ている。

(42)　現状の説明に続き、課題や今後実施される施策が述べられる。
　　　課題を表す部分には、「〜が重要である」「〜が望まれる」の
　　　ような表現が使われている。今後の施策を表す部分には、
　　　「〜を促進する」「〜を行う」のような表現が使われている。

（加藤陽子）

調査資料

『エネルギー白書　2019年版』経済産業省編，日経印刷，2019［https://www.
　enecho.meti.go.jp/about/whitepaper/2019pdf/］

『観光白書　令和元年版』国土交通省　観光庁編，昭和情報プロセス，2019
　［http://www.mlit.go.jp/statistics/file000008.html］

『経済財政白書　平成30年版』内閣府編，日経印刷，2018［https://www5.cao.
　go.jp/j-j/wp/wp-je18/index_pdf.html］

『原子力白書　平成30年度版』原子力委員会編，シンソー印刷，2018［http://
　www.aec.go.jp/jicst/NC/about/hakusho/hakusho2019/index_pdf30.htm］

『高齢社会白書　令和元年版』内閣府編，日経印刷，2019［https://www8.cao.
　go.jp/kourei/whitepaper/w-2019/zenbun/01pdf_index.html］

『国土交通白書　2019　令和元年版』国土交通省編，日経印刷，2019［https://
　www.mlit.go.jp/hakusyo/mlit/h30/index.html］

『子供・若者白書　令和元年版』内閣府編，日経印刷，2019［https://www8.cao.
　go.jp/youth/whitepaper/r01honpen/pdf_index.html］

『少子化社会対策白書　令和元年版』内閣府編，日経印刷，2019［https://www8.
　cao.go.jp/shoushi/shoushika/whitepaper/measures/w-2019/r01pdfhonpen/
　r01honpen.html］

『情報通信白書　令和元年版』総務省編，日経印刷，2019［https://www.soumu.
　go.jp/johotsusintokei/whitepaper/ja/r01/pdf/index.html］

『食育白書　令和元年版』農林水産省編，日経印刷，2019［https://www.maff.

go.jp/j/syokuiku/wpaper/r1_wpaper.html〕

『男女共同参画白書　令和元年版』内閣府編, 勝美印刷, 2019〔http://www.gender.
　　go.jp/about_danjo/whitepaper/r01/zentai/index.html〕

『地方財政白書　平成31年版（平成29年度決算）』総務省編, 日経印刷, 2019
　　〔https://www.soumu.go.jp/menu_seisaku/hakusyo/chihou/136464.html〕

『中小企業白書　2019年版』中小企業庁編, 日経印刷, 2019〔https://www.
　　chusho.meti.go.jp/pamflet/hakusyo/2019/PDF/2019_pdf_mokujityuu.htm〕

『通商白書　令和元年版』経済産業省編, 勝美印刷, 2019〔https://www.meti.go.jp/
　　report/tsuhaku2019/whitepaper_2019.html〕

『特許行政年次報告書　2019年版』特許庁編, 特許庁ウェブサイト, 2019〔https://
　　www.jpo.go.jp/resources/report/nenji/2019/index.html〕

「白書の調べ方」, ウェブサイト「リサーチ・ナビ」, 国立国会図書館〔https://
　　rnavi.ndl.go.jp/research_guide/entry/theme-honbun-205031.php〕

『防災白書　令和元年版』内閣府編, 日経印刷, 2019〔https://www.bousai.go.jp/
　　kaigirep/hakusho/r1.html〕

『水循環白書　令和元年版』内閣官房水循環政策本部事務局編, 日経印刷, 2019
　　〔https://www.kantei.go.jp/jp/singi/mizu_junkan/h30_mizujunkan_shisaku.
　　html〕

『労働経済白書　平成30年版』厚生労働省編, 勝美印刷, 2018〔https://www.
　　mhlw.go.jp/wp/hakusyo/roudou/18/18-1.html〕

学習者が白書を読む難しさ

1. 学習者が白書を読む難しさの概要

　白書とは政府の各省庁が行政活動の現状や対策、展望などをまとめた公式の報告書である。そのため、日本の現状を知りたい学習者にとって、白書は読む価値のある資料になる。では、学習者が白書を読むときに、どのような難しさがあるのだろうか。

　このことを明らかにするために、日本語学習者に白書を読んでもらい、白書を読む難しさとその要因を探った。学習者の読解過程を分析した結果、白書を読む難しさの要因は(1)から(3)であった。

(1)　書きことばの表現に関する知識の不足
(2)　専門用語の調べ方に関する知識の不足
(3)　文の複雑な構造を把握する読解技術の不足

　(1)については3.で、(2)については4.で、(3)については5.で詳しく述べる。

2. 調査概要

　調査対象者は中国語母語話者7名、韓国語母語話者6名、計13名である。日本語の能力は中級から上級である。調査対象者は日本の大学や専門学校に留学中の学習者が10名、大学卒業後に出身国で就労や就職活動をしている学習者が3名である。

　学習者の読解過程を知るため、学習者には白書を読みながら理解

したことを母語で話してもらった。読むときには、辞書やスマートフォン、パソコンのインターネット検索機能などを使いながら読んでもかまわないとした。データ収集者は、学習者がどのような意味に理解したかよくわからなかった場合や、言及されなかった点を確認したい場合に学習者に質問を行いながら調査を進めた。データ収集者が学習者の母語を十分理解できない場合は、通訳者に参加してもらった。また、読解過程を分析する際には、学習者が母語で話した内容を日本語に翻訳したデータを使用した。

　これらのデータのうち、8名分は「日本語非母語話者の読解コーパス」に収録されているものである。残り5名分は「日本語非母語話者の読解コーパス」と同様の手法で調査されたものである。

　調査に使用した白書はさまざまな年度の『通商白書』である。

3. 書きことばの表現に関する知識の不足

　白書は政府の各省庁が刊行する報告書であるため、硬い書きことばの文体が使われている。そのため、白書には日常生活で使われる話しことばとは異なる書きことばの表現が使われる。白書を読む難しさの要因の1つに、学習者がそのような書きことばの表現を十分に知らない、または、知っていても理解するときに十分に活用できないということがある。具体的には、(4)から(6)のような表現が学習者にとって難しい。

(4)　　よく知っている表現に形が似ている書きことばの表現
(5)　　よく知っている表現と意味が違う書きことばの表現
(6)　　変化や比較を表す書きことばの表現

　(4)については3.1で、(5)については3.2で、(6)については3.3で詳しく述べる。

3.1 よく知っている表現に形が似ている書きことばの表現

白書で使用される書きことばには、初級段階で学習する基礎的な文法項目や日常的によく使う表現のような、学習者がよく知っている表現に形が似ている表現がある。書きことばの知識が不十分な学習者は、そのような表現をよく知っている表現と読み誤りやすい。読み誤りやすい表現には、よく知っている表現の前後に別の形式がついたものと、表現全体の表記が似ているものがある。

(7)と(8)はよく知っている表現の前後に別の形式がついて、違う意味になる例である。(7)には逆接を表す「ながらも」という表現が使われている。しかし、これを読んだ中国語話者は同時進行を表す「ながら」であると誤って理解した。

(7)　高成長ながらも減速が見られる中国経済

『通商白書　平成24年版』概要)

同時進行を表す「ながら」は初級段階で学習する基礎的な文法項目である。しかし、「ながら」の後ろに「も」がついて「ながらも」になると逆接の意味になる。「ながらも」は書きことばでよく使われる表現であるが、書きことばの表現に慣れていない学習者は「ながらも」と「ながら」との違いに気づかず、「ながらも」を「ながら」と同じ意味だと誤って理解することがある。

(8)には原因を表す「により」という表現が使われている。しかし、これを読んだ中国語話者は「により」を比較を表す「より」であると考え、「世界経済危機と比べると」と誤って理解した。

(8)　中国では、世界経済危機により、世界経済全体が減速する中、2009年から2010年にかけて4兆元の景気対策を実施し、これが過剰な生産能力を生み出した。

『通商白書　平成29年版』p. 84)

比較を表す「より」は初級段階で学習する基礎的な文法項目であ

る。しかし、「より」の前に「に」がついた「により」は原因の意味を表し、書きことばでよく使われる。書きことばの知識が不十分な学習者は「により」と「より」を区別できず、「により」をよく知っている比較の「より」と読み誤ることがある。

　(9)から(11)は表現全体の表記がよく知っている表現に似ている例である。(9)には「通商白書をはじめとして指摘されてきた」と書かれているが、これを読んだ韓国語話者は「通商白書ではじめて指摘することになった」と誤って理解した。

(9)　　日系グローバル企業の売上高や営業利益率などの収益力に関する一般的な指標が、欧米系グローバル企業のそれらと比較して低い水準にあることは、通商白書をはじめとして指摘されてきた。　　　　　（『通商白書　平成29年版』p. 212)

　「をはじめとして」は書きことばでよく使われる表現であるが、表現全体の表記が「はじめて」に似ている。「はじめて」という表現は日常的によく使われる表現であるため、書きことばの表現に慣れていない学習者はよりなじみのある「はじめて」と読み誤ることがある。

　また、(10)には「これら」と書かれているが、これを読んだ韓国語話者は「これら」を「これから」と誤って理解した。

(10)　　これらの第四次産業革命という技術革新をきっかけとする革命を、最終的な未来社会像であるSociety5.0へとつなげていくためには、産業のあり方を変革していく必要がある。　　　　　（『通商白書　平成29年版』p. 234)

　「これら」は書きことばでよく使われる表現であるが、表記全体が「これから」に似ている。「これから」という表現は日常的によく使われる表現であるため、書きことばの表現に慣れていない学習者はよりなじみのある「これから」と読み誤ることがある。

　(11)には「主要品目の伸びが低下する中で」と書かれている。

「伸び」は「伸び率」を意味しているため、「伸び率が低下する」という意味になるが、これを読んだ中国語話者は「上に伸びている」と誤って理解した。

(11) 小売売上高を品目別に見ると、食料、衣類、家電など主要品目の伸びが低下する中で、小売総額の約3割を占める自動車が小型自動車の減税のため前年比10%と高い伸びを示した影響が大きい(第I-3-1-5図、第I-3-1-6図)。

(『通商白書　平成29年版』p. 77)

　「伸び」という名詞は「伸びる」という動詞の連用形が名詞化したもので、「伸び」は「伸びる」の表記の一部である。そのため、全体の表記が似ている。日常生活で使われる話しことばでは動詞の「伸びる」のほうがよく使われるが、白書のような硬い書きことばでは名詞の「伸び」のほうがよく使われる。「伸びる」は長さや高さなどの数値が上がっていく場合にしか使えないが、「伸び」は「伸びが低下する」のように数値が下がることを表す「低下」といっしょに使うこともできる。しかし、名詞の「伸び」を日常生活でよく使われる動詞の「伸びる」と同じ意味だと誤って理解すると、「低下」がいっしょに使われている場合に、数値が上がったのか下がったのかを正確に理解することが難しくなる。

3.2 よく知っている表現と意味が違う書きことばの表現

　白書に使われる硬い書きことばの表現には、学習者がよく知っている表現と形は同じだが、学習者がよく知っている意味と違う意味で使われる場合がある。それが書きことばとしては一般的な使われ方であっても、書きことばの表現に慣れていない学習者の場合、読み誤りが起こる。

　(12)には原因を表す「から」という表現が使われているが、これを読んだ中国語話者は時間の開始を表す「から」であると考え、「期待した、その後」と誤って理解した。

(12) 2012年3月以降、ドルは対ユーロで上昇傾向に、対円で下落
傾向に転ずる一方、ユーロは、主要通貨に対して下落を続け
た。その後、日本の積極的な金融緩和への期待等<u>から</u>、
2012年11月以降、主要国通貨は一斉に円に対して上昇傾向
に転じた（第III-1-1-5 〜第III-1-1-7図）。

（『通商白書　平成25年版』p. 206）

　「から」が原因を表すことと時間の開始を表すことは、どちらも
初級段階で学習するため、多くの学習者にとって基礎的な知識であ
る。初級段階で名詞が直接「から」の前につく文が示される場合、
(13)のような時間や場所の開始を表す文が多い。それに対して、
初級段階で原因を表す文が示される場合、(14)の「日曜日ですか
ら」や「日曜日だから」のような、名詞と「から」の間に「です」
や「だ」が入る文が多い。

(13)　店は<u>10時から</u>6時まで開いています。
(14)　今日は日曜日<u>ですから／だから</u>、病院は閉まっています。

　(12)には「期待等から」と書かれており、「から」の前に「です」
や「だ」はないが、原因を表している。白書のような硬い書きこと
ばでは「から」の前に名詞が直接ついて原因を表す文がよく使われ
るが、書きことばの表現に慣れていない学習者は時間の開始を表す
表現だと誤って理解しやすい。
　また、(15)には「項目別にみると」と書かれているが、これを読
んだ中国語話者は「別の項目から見ると」と誤って理解した。

(15)　<u>項目別にみると</u>、原油は、2012年6月の価格落ち込みから持
ち直した後、比較的安定した値動きとなっている（第III-1-1-
27図）。 　　　　　　　（『通商白書　平成25年版』p. 211）

　(15)の「項目別にみると」は「それぞれの項目にわけてみると」
や「項目ごとにみると」という意味で、白書で図表を説明するとき

によく使われる表現である。しかし、「それとは別に」というような表現で使われるように、「別」には「ほか」という意味もある。そのため、「項目別にみると」のような書きことばの表現に慣れていない学習者は、「ほかの項目」という意味だと誤って理解しやすい。

3.3 変化や比較を表す書きことばの表現

　白書は政府の各省庁が行政活動の現状や対策、展望などをまとめた報告書であるため、状況や数値の変化を説明したり、比較したりすることが多い。しかし、学習者がそのような表現に慣れていない場合、文の一部だけを読んで意味を誤って理解することがある。

　(16)には「前年より低下して6.7%となった」と書かれているが、(16)を読んだ中国語話者は「6.7%低下した」と誤って理解した。

(16)　2016年の実質GDP成長率は、<u>前年より低下して6.7%となった</u>（第I-3-1-1図）。　　　（『通商白書　平成29年版』p.76）

　(16)を読んだ中国語話者は「低下」と「6.7%」という表現にだけ着目した結果、「低下した結果、6.7%となった」のか「6.7%低下した」のかを区別できず、正確に理解することができなかった。「6.7%」という数字や「低下」などの増減を表す語に着目することは、変化や比較を表す文を理解するために必要なことであるが、文を正確に理解するためには「となった」の部分まで注意して読む必要がある。しかし、変化や比較の表現に慣れていない学習者にとって、どこに着目して読まなければならないかを判断することが難しい。

　(17)には「前年比＋4兆1,070億円で20兆3,421億円の黒字となり」と書かれているが、(17)を読んだ韓国語話者は「4兆1070億円から20兆3421億円の黒字になった」と誤って理解した。

(17)　2016年の我が国の経常収支は<u>前年比＋4兆1,070億円で20兆3,421億円の黒字となり</u>、2年連続で黒字額が拡大した。
　　　　　　　　　　　　　　（『通商白書　平成29年版』p.202）

「前年比＋4兆1,070億円」というのは「前の年と比べると4兆1,070億円増えた」という意味である。しかし、(17)を読んだ韓国語話者は「前年比＋」が正確に理解できず、「4兆1,070億円」と「20兆3,421億円」という2つの数値だけに着目し、誤って理解した。正しく読みとるためには、「前年比＋」の部分にも着目して、2つの数値の関係が「4兆1,070億円増えた結果、20兆3,421億円の黒字になった」という意味であることを理解する必要がある。しかし、変化や比較の表現に慣れていない学習者にとって、どこに着目して読むかを判断することが難しい。

4. 専門用語の調べ方に関する知識の不足

　白書には専門用語が多く使われる。意味のわからない専門用語が出てきた場合、何らかの方法で意味を調べなければならない。白書を読む難しさの要因の1つに、専門用語の調べ方に関する知識が不足しているということがある。

　白書で使われる専門用語は、日本語学習者用の辞書には載っていない場合が多い。また、複数の名詞がつながってできた複合名詞は語を短く区切って調べることができるが、複合名詞の専門用語の場合は短く区切って調べても専門用語としての意味が辞書に載っていないことが多い。(18)から(21)は専門用語が日本語学習者用の辞書に載っておらず、学習者が正しい意味にたどり着けなかった例である。

　(18)の「外貨準備高」は中央銀行あるいは中央政府等の金融当局が保有している外貨の量のことである。これは複合名詞の専門用語である。

(18)　外貨準備高　　　　　　　（『通商白書　平成24年版』p. 105）

　(18)を読んだ中国語話者は「外貨」と「準備」の部分は意味がわかったが、「高」の部分がわからず、辞書を使って調べた。しかし、

この中国語話者が調べた辞書の「高」や「高い」の項目には「量」や「保有量」という意味が載っておらず、「外貨準備高」の意味を推測することができなかった。

(19)には「前年割れ」という専門用語が使われている。「前年割れ」は前年の数量を下回るという意味である。

(19)　2016年の貿易は、年間計で見れば輸出入とも<u>前年割れ</u>となった。　　　　　　　　　　（『通商白書　平成29年版』p. 79）

(19)を読んだ中国語話者は「前年割れ」を「前年」と「割れ」に区切って「割れ」を辞書で調べた。辞書には「破裂、分裂、裂ける」という意味が書かれており、そこから「前年割れ」を「前年の損失」と推測し、正しく理解できなかった。

また、複合名詞の専門用語を調べる難しさは、カタカナで書かれた場合やローマ字で書かれた場合も同じである。(20)には「サーキットブレイカー」というカタカナの専門用語が使われている。「サーキットブレイカー」は、株式市場などにおいて価格が一定以上の変動を起こした場合に、強制的に取り引きを止めるなどの措置を意味する専門用語である。

(20)　2016年の上海株式市場は、年初、株価急落により、<u>サーキットブレイカー</u>が発動され、取引停止となった。

（『通商白書　平成29年版』p. 79）

(20)を読んだ中国語話者はスマートフォンの辞書アプリで「サーキットブレイカー」を調べようとして、「サーキット」と入力した。そこで「サーキット」という語が辞書に掲載されている語として現れたため、ここで入力を止めて、辞書を参考に「サーキット」を「電路回路」と理解した。次に語の残りの部分である「ブレイカー」をスマートフォンに入力して、辞書に書かれている通り「断路器」と理解した。結果的に、この中国語話者は「サーキットブレイカー」の正しい意味にはたどり着けなかった。

また、(21)には「EPA」というローマ字の専門用語が使われている。「EPA」は経済連携協定の略称である。

(21)　韓国とのEPA交渉は2003年12月の交渉開始後、2004年11月の第6回交渉会合を最後に中断しているが、2008年の日韓首脳会談を受け、交渉再開に向けた実務協議が開催されてきた。
　　　　　　　　　　　　　　　　（『通商白書　平成25年版』p. 67）

　(21)を読んだ中国語話者は、最初に「EPA」を辞書で調べたが、載っていなかったため、次はパソコンを使って学習者の母語のインターネット検索サイトで「EPA」を検索した。しかし「EPA」は見つからず、「EPA」を理解できなかった。「EPA」は複合名詞ではなく略称であるが、このような専門用語の略称も身近な辞書で調べることが難しい。
　このように、専門用語は日本語学習者用の辞書には載っていないことが多いため、それらの意味を知るには、(21)を読んだ中国語話者のように、インターネットを使って調べるという方法がある。その場合、学習者の母語のインターネット検索サイトでは、調べても出てこないことがあるため、日本語の検索サイトで調べる必要がある。日本語のインターネット検索サイトで「外貨準備高」「前年割れ」「サーキットブレイカー」「EPA」を調べると、それらの意味を解説するページが見つかる。
　つまり、学習者は意味のわからない語が出てきた場合、それが日本語学習者用の辞書に載っていなければ、その語が専門用語かもしれないと判断し、日本語のインターネット検索サイトなどを使って専門用語を調べるという方法を取らなければならない。そのような調べ方に関する知識が必要である。

5. 文の複雑な構造を把握する読解技術の不足

　白書には長い文が多い。また、ただ長いだけでなく、複雑な構造

をもつ文も多い。中でも特に学習者が読み誤りやすいのは、長い名詞修飾をもつ文や、長い並列構造をもつ文である。名詞修飾をもつ文は(22)や(23)のような文である。(22)には「地域」という名詞を修飾する名詞節が含まれており、(23)には「こと」という形式名詞を修飾する「こと」節が含まれている。また、(24)は「労働人口が減少したこと」と「輸入額が伸び悩んだこと」という「こと」節が2つ並列した並列構造をもつ文である。

(22)　労働人口が大幅に減少した地域が増えている。

(23)　輸入額が減少したことが影響している。

(24)　労働人口が減少したことや輸入額が伸び悩んだことが影響している。

　白書には、名詞修飾の中に別の名詞修飾が含まれた入れ子構造の文が多い。また、述語を含む長い名詞修飾も多く、それらが複数並列する場合も多い。学習者にそのような複雑な構造を把握する読解技術がなければ、文の理解が難しくなる。具体的には(25)や(26)のような文が学習者にとって難しい。

　(25)には2つの「こと」節がある。1つ目は「成長力や収益力が高いとされる設立・再編からの経過年数が比較的短い、いわゆる若い企業が少ないこと」である。2つ目は「事業の多角化が進んだ企業において研究開発投資の効率性が低下していること」である。

(25)　その要因として、前掲の2015年版通商白書では、成長力や収益力が高いとされる設立・再編からの経過年数が比較的短い、いわゆる若い企業が少ないこと、また、事業の多角化が進んだ企業において研究開発投資の効率性が低下していることなどを指摘している。

　　　　　　　　　　　　　　　（『通商白書　平成29年版』pp. 212–213）

　2つの「こと」節にはどちらも名詞修飾が含まれていて、入れ子構造になっている。1つ目の「こと」節に含まれる名詞修飾は「企

業」を修飾する部分が長い。修飾する部分には3つの述語が含まれており、述語ごとに区切ると、「成長力や収益力が高いとされる」、「設立・再編からの経過年数が比較的短い」、「いわゆる若い」となる。このように、1つの名詞修飾の中に3つのまとまりがある。「いわゆる若い」の部分は、直前の「設立・再編からの経過年数が比較的短い」を言い換えている。また、その前にある「成長力や収益力が高いとされる」も「若い企業」を修飾する部分である。つまり、「成長力や収益力が高いとされる設立・再編からの経過年数が比較的短い企業」は「若い企業」を別の表現で言い換えた部分である。

　2つ目の「こと」節の中には「事業の多角化が進んだ企業」という名詞修飾があるが、「企業」を修飾する部分が3つもあった1つ目の「こと」節と比べると構造は単純である。

　(25)を読んだ韓国語話者は、2つの「こと」節の区切りを正しく読みとることができず、1つ目の「こと」節の「若い企業が少ない」の部分と2つ目の「こと」節の「研究開発投資の効率性は低い」の部分をつなげ、「若い企業が少ないほど、研究開発投資の効率性は低い」と誤って読みとった。

　このような読み誤りを引き起こした大きな要因は、1つ目の「こと」節を3つのまとまりに区切って、それらの関係を正しく読みとれなかったことだと考えられる。その読みとりをさらに難しくさせたのは、「設立・再編からの経過年数が比較的短い、いわゆる若い企業」という名詞修飾内部の「いわゆる」の前にある読点「、」であろう。1つ目の「こと」節の中に読点があったことにより、これを読んだ韓国語話者はこの読点を「文をわける区切り」ととらえ、文を正しく理解できなかった。

　また、長い並列構造を含む文も読み誤りを起こしやすい。(26)は「「イノベーション能力」の指標が低い理由については」が文の主題であるが、その後に3つの理由が列挙されている。下線部分がその理由で、それらが並列している。

(26)　「イノベーション能力」の指標が低い理由については、以前は企業に対して「自前の研究開発能力」が問われていたが、

2013–2014年版以降は、「イノベーション能力の保有」が問わ
　　れるように変更されたことの影響が指摘されるとともに、日
　　本の企業経営者の自国への評価が低下した可能性や、研究開
　　発の成果を社会的価値につなげる力やオープン・イノベーシ
　　ョンに対する日本の弱みが示された可能性があるとも指摘さ
　　れている。　　　　　　　　　（『通商白書　平成29年版』p. 233)

　1つ目の理由は「以前は企業に対して「自前の研究開発能力」が
問われていたが、2013–2014年版以降は、「イノベーション能力の
保有」が問われるように変更されたことの影響」である。1つ目の
理由に含まれる「こと」節には「以前は」と「2013–2014年版以降
は」という2つの対比が含まれており、長い節になっている。また、
この「こと」節は「影響」という名詞を修飾する名詞修飾でもある。
2つ目の理由は「日本の企業経営者の自国への評価が低下した可能
性」で、3つ目の理由は「研究開発の成果を社会的価値につなげる
力やオープン・イノベーションに対する日本の弱みが示された可能
性」である。2つ目と3つ目の理由にも名詞修飾が含まれている。3
つ目の理由は構造が複雑で、「オープン・イノベーション」だけでな
く「研究開発の成果を社会的価値につなげる力」も「に対する日本
の弱み」にかかることを読みとる必要がある。
　(26)の文は「理由については、〜が指摘されるとともに、〜や、
〜があるとも指摘されている」という構造になっており、3つの
「〜」の部分に理由が入る。「指摘される」という動詞が2度使われ
ており、理由を列挙する並列構造は比較的わかりやすい。しかし、
それぞれの理由は述語を含む長い名詞修飾からできており、構造が
複雑になっている。
　(26)を読んだ韓国語話者は、イノベーション能力の指標が低い
理由は何かという点について、3つ目の理由の一部である「オープ
ン・イノベーションに対する日本の弱みが指摘されている」と読み
とることはできたが、理由の数や内容などを理解して文全体を正し
く理解することができなかった。特に3つ目の理由については、
「や」の前後でまとまりが切れると考え、「研究開発の成果を社会的

価値につなげる力」と「オープン・イノベーションに対する日本の弱み」という2つの理由に分解してしまい、「研究開発の成果を社会的価値につなげる力に対する日本の弱み」のように理解できなかった。そうすると、「研究開発の成果を社会的価値につなげる力」という肯定的な評価とも思える理由が、なぜイノベーション能力の指標が低い理由になるのかわからなくなり、文全体の理解がさらに難しくなった。このように、複雑な構造の文は学習者にとって理解が難しい。

6. まとめ

中級から上級の日本語学習者を対象として『通商白書』の読解過程を調査した。結果をまとめると、白書を読む難しさとその要因は(27)から(29)である。

(27)　白書に使われる書きことばの表現に関する知識が不足している。たとえば、逆接を表す「ながらも」と同時進行を表す「ながら」のように、よく知っている表現に形が似ている書きことばの表現を間違えやすい。また、時間の開始を表す「から」と原因を表す「から」のように、よく知っている意味と違う意味で使われる書きことばの表現を間違えやすい。また、変化や比較を表す表現に慣れていないために、着目すべき部分に着目できず、読み誤ることがある。

(28)　専門用語の調べ方に関する知識が不足している。専門用語は日本語学習者用の辞書には出てこない場合が多く、複合名詞の専門用語を短く区切って調べるだけでは正しい意味にたどり着けない。辞書で調べて見つからなければ専門用語であると判断して、インターネット検索サイトで調べたりしなければ、語の正しい意味にたどり着くことが難しい。

(29)　文の複雑な構造を把握する読解技術が不足している。特に、長い名詞修飾をもつ文や、長い並列構造をもつ文は読み誤り

やすい。

　学習者が白書を読むときにはこのような難しさがある。そのため、学習者には書きことばの表現に関する知識や専門用語の調べ方に関する知識、文の複雑な構造を把握する読解技術などが必要である。

（小西円）

付記

　「日本語非母語話者の読解コーパス」に収録されている以外の調査データとして、大塚淳子さん、加藤陽子さん、吉本由美さんが収集したデータを活用した。記して感謝申し上げます。

調査資料

『通商白書　平成24年版』経済産業省編, 勝美印刷, 2012 ［https://www.meti.go.jp/report/tsuhaku2012/2012honbun_p/index.html］

『通商白書　平成25年版』経済産業省編, 勝美印刷, 2013 ［https://www.meti.go.jp/report/tsuhaku2013/2013honbun_p/index.html］

『通商白書　平成29年版』経済産業省編, 勝美印刷, 2017 ［https://www.meti.go.jp/report/tsuhaku2017/whitepaper_2017.html］

「日本語非母語話者の読解コーパス」, 野田尚史他, 2017– ［http://www.nodahisashi.org/jsl-rikai/dokkai/］

白書を読む教材の作成

1. 白書を読む教材の作成方針

　白書を読む教材は、本文と図表から数値を読みとる能力と、白書
の執筆者が数値をどう考えているかを読みとる能力を高めることを
目的とする。

　これまでの読解教材には、文章や図表に書かれている数値の読み
とりを扱ったものはほとんどない。たとえば、総合教科書『学ぼう！
にほんご　上級』や『テーマ別　上級で学ぶ日本語(三訂版)準拠
力を伸ばす練習帳』では、図表について説明した文章の空欄にあて
はまることばを選択肢から選ぶ練習があるが、これはことばの意味
を覚えるための練習で、文章から数値を読みとる練習ではない。読
解教材『改訂版　大学・大学院 留学生の日本語③論文読解編』では、
図表の説明に使われる表現が取り上げられているが、数値の表現と
推移を表す表現がまとめて挙げてあるだけで、数値を読みとる練習
はない。

　白書では客観的な数値が挙げられた後、その数値がどの程度かが
説明され、なぜそのような数値となったのかという原因が分析され
る。たとえば、(1)は原油および粗油の輸入についての説明である。
1文目の「＋29.3％」が客観的な数値、「大幅」が数値の程度を表す
部分である。2文目も「▲4.0％」「＋34.8％」が客観的な数値、「小幅」
「大幅」が数値の程度を表している。3文目の下線部分が原因を表す
部分である。

(1)　　我が国の原油及び粗油の輸入を見ると、輸入額が前年比＋
　　　29.3％となり4年ぶりに大幅なプラス転化となった。数量は

▲4.0％と小幅な減少だったものの、価格が前年比＋34.8％と大幅に上昇し、3年ぶりにプラス転化した。この<u>原油価格の上昇</u>が、輸出入差引額を減少させた輸入額上昇の主な要因である（第I-1-2-1-10図）。　　　（『通商白書　平成30年版』p. 18）

　白書を読む教材では、(2)から(5)のために必要な知識を提供することを作成方針とする。(2)と(3)は本文と図表から数値を読みとる能力を高めるために必要な知識である。(4)と(5)は白書の執筆者が数値をどう考えているかを読みとる能力を高めるために必要な知識である。

(2)　　本文から数値を読みとる。
(3)　　図表から数値を読みとる。
(4)　　数値の意味を読みとる。
(5)　　数値の推移の原因を読みとる。

　(2)については2.で、(3)については3.で、(4)については4.で、(5)については5.で、具体的な教材作成の方法を、『通商白書』を例に詳しく説明する。

2. 本文から数値を読みとるための知識の提供

　『通商白書』には、多くの数値が出てくる。本文から数値を読みとるための知識として、単位を表す漢数字や記号についての知識と、その年の数値と前年との差を表す数値の見分け方について取り上げる。
　白書では、「億」や「兆」など、日常生活ではあまり目にすることのない大きな単位が使われる。単位を表す漢数字がわかれば、大きな数値を読みとることができる。したがって、(6)のように単位を表す漢数字についての知識を提供するとよい。

(6)　　大きな数値を表す場合、「万」「億」「兆」のように、4桁ごと

に単位を表す漢数字が使われる。「1万」は「10,000」の意味である。「1億」は「100,000,000」の意味である。「1兆」は「1,000,000,000,000」の意味である。

　たとえば、『通商白書』の本文では、(7)のように算用数字「2,000」と単位を表す漢数字「億」が使われている。「1億」が「100,000,000」の意味だという知識があれば、「2,000億」は「200,000,000,000」の意味であることがわかる。

(7)　　この先2年間で約<u>2,000</u>億円の輸出増を目指す。

（『通商白書　平成30年版』p. 323）

　白書では、さまざまな記号が使われている。たとえば、桁の区切りと小数点の表し方にはさまざまな方式がある。日本語では、「1,234,567.89」のように「,」が桁の区切りを、「.」が小数点を表す。一方、「1.234.567,89」のように「.」が桁の区切りを、「,」が小数点を表すといったように、日本語ではあまり一般的ではない方式もある。したがって、(8)のように桁の区切りと小数点の表し方についての知識を提供するとよい。

(8)　　「,」は桁の区切りを、「.」は小数点を表している。

　たとえば、(9)は2018年のトルコ・リラの暴落についての説明である。桁の区切りと小数点の表し方についての知識があれば、「6.859」の「.」が桁の区切りではなく、小数点を表していることがわかる。

(9)　　2018年8月に米国がトルコに制裁を課したことを契機にトルコ・リラが暴落、8月13日には<u>6.859</u>リラ／ドルの底値をつけ、年初来の下落率は81%となった。

（『通商白書　令和元年版』p. 104）

マイナスの表し方にもさまざまな方式がある。『通商白書』では、「－1000」や「▲1000」のように、「－」か「▲」がマイナスを表す。一方、『通商白書』以外では、「(1,000)」のように(　　)内の数値がマイナスを表したり、「△」や「▼」がマイナスを表す方式もある。したがって、(10)のように、『通商白書』では「▲」がどのような意味を表しているかについての知識を提供するとよい。

(10)　『通商白書』では、「▲」はマイナスの意味を表している。

　　たとえば、(11)は2017年の貿易収支についての説明である。「▲」がマイナスを表すという知識があれば、「▲5,622億」が「マイナス5,622億」を表していることを読みとることができる。

(11)　2017年の貿易収支は、4兆9,554億円と2年連続の黒字で、前年差▲5,622億円と黒字幅が縮小した。

　　　　　　　　　　　　　　　　　　（『通商白書　平成30年版』p. 20）

　　白書には、その年の数値と前年との差を表す数値が出てくる。どれが前年との差を表す数値であるかを見分ける手がかりとなるのは「前年比」や「＋」である。したがって、(12)のように前年との差はどのように表されているかについての知識を提供するとよい。

(12)　数値の前に「前年比」があれば、前年との差を表す。数値の前に「前年比」という表現がなくても、数値の前に「＋」か、数値の後に「増」や「増加」があれば、前年からの増加を表す。また、数値の後に「減」や「減少」があれば、前年からの減少を表す。

　　たとえば、(13)は2016年の経常収支についての説明である。(13)には「4兆1,070億円」と「20兆3,421億円」という2つの金額が出てくる。「前年比」や「＋」が前年との差を表すという知識があれば、「4兆1,070億円」が前年との差を表し、「20兆3,421億円」が

2016年の黒字額を表していることを読みとることができる。

(13)　2016年の我が国の経常収支は前年比＋4兆1,070億円で20兆
　　　 3,421億円の黒字となり、2年連続で黒字額が拡大した。
（『通商白書　平成29年版』p. 202）

　このように、単位を表す漢数字や記号がどのような意味を表すか、
その年の数値と前年との差を表す数値をどのように見分ければよい
かを学習項目として教材を作成すれば、本文から数値を読みとるこ
とができるようになる。

3. 図表から数値を読みとるための知識の提供

　『通商白書』には、多くの図表が載せられている。図表からは本
文に取り上げられていない数値も読みとることができる。図表に使
われる表現は本文に使われる表現とは異なる点もあるため、図表を
読みとるための知識を提供する必要がある。図表から数値を読みと
るための知識として、図表のタイトルの理解のしかた、凡例の理解
のしかた、図表の単位の表し方についての知識を取り上げる。
　図表のタイトルは「AのBのC」のように「の」で単語が接続され
ているものが多い。たとえば、経済の動向について書かれている章
の図表では、Aの部分には「国・地域名」など、この図表が「どこ
の」数値を取り上げているかが表されている。Bの部分には「経常
収支」や「輸出入」など、この図表が「何の」数値を取り上げてい
るかが表されており、Cの部分には「推移」や「伸び率」など、そ
の数値が「どうなったか」を取り上げていることが表されている。
したがって、(14)のように、図表のタイトルの理解のしかたについ
ての知識を提供するとよい。

(14)　経済の動向について書かれている章の図表では、図表のタイ
　　　 トルは「AのBのC」という形が多い。Aはこの図表が「どこ

の」数値かを表している。Bはこの図表が「何の」数値かを
表している。Cはその数値が「どうなったか」を表している。

　たとえば、図1は『通商白書』の図表の例である。この図表のタ
イトルである「我が国の貿易収支の推移」は、「我が国」が「どこ
の」、「貿易収支」が「何の」、「推移」が「どうなったか」を表して
いる。

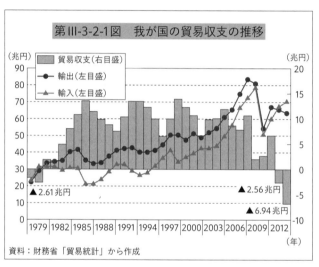

図1：『通商白書』の図表の例（『通商白書　平成25年版』p. 281）

　また、図1のようなグラフに表されている数値を読みとるために
は、凡例に書かれている表現も示す必要がある。凡例には、どのよ
うな項目がグラフに表されているか、また、左右どちらの目盛りを
見ればその項目の数値を読みとることができるかが表されている。
したがって、(15)のように、その項目の数値が左右どちらの目盛り
に表されているかについての知識を提供するとよい。

(15)　凡例の項目の後の（　　）の中に「右」があれば、その項目の
　　　目盛りは右側の軸に、「左」があれば左側の軸に表されている。
　　　何も書かれていなければ、左側の軸に表されている。

たとえば、図1の凡例には「貿易収支（右目盛）」「輸出（左目盛）」「輸入（左目盛）」と書かれている。凡例の項目の後の（　　）にどちらの目盛りかが書かれているという知識があれば、「貿易収支」は右軸の目盛りを、「輸出」と「輸入」は左軸の目盛りを見ればよいことがわかる。

　グラフでは、単位は目盛りの上の（　　）の中に書かれていることが多い。しかし、中には目盛りの上に単位が書かれていないグラフもある。したがって、(16)のようにグラフの単位がどこに書かれているかという知識を提供するとよい。

(16)　グラフの単位は通常、目盛りの上の（　　）の中に書かれているが、「我が国のサービス輸出入の推移（兆円）」のように、グラフのタイトルの後に書かれていることもある。単位がどこにも書かれていなければ、本文のグラフの説明で使われている単位がグラフの単位である。

　たとえば、図1の左右の軸の目盛りの上には「（兆円）」と書かれている。グラフの単位がどこに書かれているかという知識があれば、このグラフの貿易収支と輸出入の単位が「兆円」であることがわかる。

　さらに、図表でしか使われない単位の表し方も示す必要がある。図表の場合、単位を見て、数値を換算しなければならない。図2では目盛りの単位は「10億ドル」と書かれている。これは図表では使われるが、本文では使われない単位の表し方である。「10億」という単位は、図表に表される「1」が「10億」を表すことを意味する。したがって、(17)のように図表で使われる数値の単位についての知識を提供するとよい。

(17)　図表では、「万」「億」「兆」のような漢数字の単位だけではなく、「100万」や「10億」など算用数字と漢数字を組み合わせた単位も使われる。「100万」という単位では、図表に表される「1」が「1,000,000」であることを表している。

たとえば、図2の2018年の輸出を見ると、「239.9」と書かれている。「10億ドル」という単位は「1」が「1,000,000,000ドル」を表しているという知識があれば、「239.9」は「239,900,000,000ドル」、つまり「2,399億ドル」を表していることがわかる。

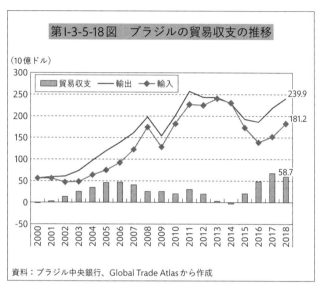

図2：図表でしか使われない単位の例（『通商白書　令和元年版』p. 89）

　このように、図表のタイトルの理解のしかたと、凡例や図表の単位についての知識を学習項目として教材を作成すれば、図表から数値を読みとることができるようになる。

4. 数値の意味を読みとるための知識の提供

　『通商白書』では、客観的な数値が挙げられた後、白書の執筆者が数値をどう考えているかについて説明される。数値の意味を読みとるための知識として、数値の大きさと程度を表す表現と、数値の推移と程度を表す表現についての知識を取り上げる。
　数値がどのような意味を持っているかを読みとるためには、「低

い」のような数値の大きさを表す表現と、「極めて」のような程度を表す表現を理解する必要がある。したがって、(18)のように数値の大きさを表す表現と、それと結びつく、程度を表す表現を取り上げ、それがどのような意味を表すかについての知識を提供するとよい。

(18) 「高」や「大」、「低」や「小」など、数値の大きさを表す表現の前に「極めて」や「顕著に」があれば、その数値の程度がはなはだしいという意味を表す。

　たとえば、(19)は雇用統計についての説明である。「低い」という数値の大きさを表す表現と、「極めて」が「はなはだしい」という意味を表すという知識があれば、2018年の平均の「3.8%」という数値が、「非常に低い」という意味を持っていることを読みとることができる。

(19) 失業率についても、2019年4月に1969年12月以来、過去50年で最低となる3.4%を記録し、2018年の平均でも3.8%と極めて低い水準を維持している。

(『通商白書　令和元年版』p. 31)

　また、『通商白書』では、過去の数値と比較し、その変化や推移がどの程度なのかが分析されることも多い。変化や推移の数値がどのような意味を持っているかを読みとるためには、「上昇」や「低下」のような変化や推移に関係する表現と、「大幅」や「若干」のような程度を表す表現を理解する必要がある。したがって、(20)のように変化や推移に関係する表現と、それと結びつく、程度を表す表現を取り上げ、それがどのような意味を表すかについての知識を提供するとよい。

(20) 「上昇」や「低下」など、変化や推移を表す表現の前に「大幅」や「大きく」があれば、変化や推移の程度が大きいことを表す。「若干」や「小幅」があれば、変化や推移の程度が小

さいことを表す。

たとえば、(21)は財貿易量の伸び率についての説明である。「低下」という数値の推移を表す表現と、「大幅」が「推移の程度が大きい」という意味を表すという知識があれば、2017年の「＋4.6%」から2018年の「＋3.0%」へと数値が推移したことが、「大きな低下」という意味を持っていることを読みとることができる。

(21)　世界貿易機関(WTO)によると、2018年の世界の財貿易量の伸び率は前年比＋3.0%と、6年ぶりの高成長だった2017年の＋4.6%から大幅に低下した。(『通商白書　令和元年版』p. 5)

このように、数値の大きさや推移に関する表現と、数値の程度を表す表現を学習項目として教材を作成すれば、その項目の数値がどのような意味を持っているかを読みとることができるようになる。

5. 数値の推移の原因を読みとるための知識の提供

『通商白書』では、数値について説明された後、白書の執筆者がその推移の原因をどう考えているかについて説明される。原因を読みとるための知識として、原因を示すための表現と原因が書かれている位置についての知識を取り上げる。

5.1では、原因を示すために使われる表現から見て、どの位置に原因が書かれているかについて、黒字や赤字など収支に関する原因を例として取り上げる。5.2では、原因を示すために使われる表現が複数あるとき、どの位置に何の原因が書かれているかについて、輸出入の増減が収支の推移の原因である場合を例として取り上げる。

5.1 原因を示すために使われる表現と原因の位置関係

黒字や赤字など、収支に関する原因は「要因」という表現によっ

て示されることが多い。「要因」の後に接続する語によって、原因
が書かれている部分の位置は異なる。したがって、原因を読みとる
ためには、(22)のように、原因を示すために使われる表現と、その
表現から見てどの位置に原因が書かれているかという知識を提供す
るとよい。

(22) 「要因」は黒字や赤字の原因を示すために使われることが多
い。「要因」の後に「は」か「としては」があれば、「要因」
の後に原因が書かれている。「要因」の後に「となって」があ
れば、「要因」の前にある「が」の前に原因が書かれている。

　たとえば、(23)は黒字幅が縮小した原因についての説明である。
実線の下線部分の「要因は」は原因が書かれている部分を見つける
手がかりである。この手がかりの後の点線の下線部分に執筆者が分
析した原因が書かれている。「要因は」の後に原因が書かれている
という知識があれば、原因が「輸入額が輸出額を上回って拡大した
こと」であることがわかる。

(23) 2017年の財輸出入差引額は2兆9,072億円の黒字(輸出超過)
であり、その収支額は、前年と比較すれば、▲1兆866億円
と黒字幅が縮小した。黒字幅縮小の主な<u>要因は</u>、輸入額が輸
出額を上回って拡大したことである。

(『通商白書　平成30年版』p. 15)

　また、(24)は貿易赤字の原因についての説明である。実線の下線
部分の「要因となって」は原因が書かれている部分を見つける手が
かりである。この手がかりの前の点線の下線部分に執筆者が分析し
た原因が書かれている。「要因となって」の前にある「が」の前に原
因が書かれているという知識があれば、原因が「輸入額の増加」で
あることがわかる。

(24) 一方で輸入額は火力発電用の化石燃料の輸入額増や好調な内

需等を背景に、前年比14.9%増の81兆2,425億円と4年連続で増加し、過去最大の輸入額となった。この<u>輸入額の増加</u>が貿易赤字の大きな<u>要因</u>となっている。

(『通商白書　平成26年版』p. 30)

図3はこれらの文の構造を図式化したものである。

手がかりとなる表現の後に原因の分析が書かれているタイプ

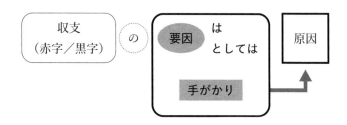

手がかりとなる表現の前に原因の分析が書かれているタイプ

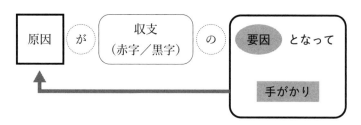

図3：収支の原因を示した文の構造

5.2 原因を示すために使われる表現が複数ある場合の位置関係

　原因を示すために使われる表現が、1文の中に複数ある場合もある。このような文の原因を正しく読みとるためには、何の推移の原因が、どのような表現によって示されているかを知ることが重要となる。たとえば、収支の推移の原因は「により」という表現によって示されることが多いが、収支の推移の原因が輸出入の増減に関わる場合、「を背景」という表現によって、輸出入の増減の原因も1文

の中で示されることがある。したがって、(25)のように、何の推移の原因が、どのような表現によって示されているか、それらの表現から見てどの位置に原因が書かれているかという知識を提供するとよい。

(25)　「により」の前に書かれているのは収支の推移の原因である。「により」の前に「を背景」があれば、「を背景」の前に書かれているのは収支の推移の原因となった輸出入の増減の原因である。

　　たとえば、(26)は貿易収支の推移についての説明である。実線の下線部分の「を背景」と「により」は原因が書かれている部分を見つける手がかりである。この手がかりの前の点線の下線部分に執筆者が分析した原因が書かれている。「により」が収支の推移の原因を、「を背景」が輸出入の増減の原因を示すためによく使われるという知識があれば、「貿易収支が過去最大の赤字となった」原因は「輸入額が増加し過去最大となったこと」であり、その輸入額増加の原因が「火力発電用の化石燃料の輸入額増や好調な内需等」であることがわかる。

(26)　2013年の我が国の貿易収支は、輸出額は2012年末からの円安方向の動きに伴い3年ぶりに増加したものの、火力発電用の化石燃料の輸入額増や好調な内需等を背景に輸入額が4年連続で増加し過去最大となったことにより、過去最大の赤字となった。　　　　　　（『通商白書　平成26年版　概要』p. 2）

　　図4は原因を示すために使われる表現が複数ある文の構造を図式化したものである。
　　推移の原因を読みとることができるようになるためには、何の推移の原因がどのような表現によって示されるか、原因を示す表現から見てどのような位置に原因が書かれているかに注目した練習問題を作成するとよい。(27)は練習問題の例である。(27)のように、

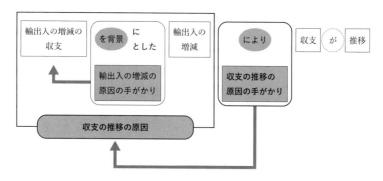

図4：原因を示すために使われる表現が複数ある文の構造

原因を示す表現の前と後から選択肢を作成すると、手がかりとなる表現と原因の位置関係に注目した練習問題が作成できる。

(27)　輸入額が4年連続で増加し、過去最大となった原因は何ですか。

　　　　2013年の我が国の貿易収支は、輸出額は2012年末からの円安方向の動きに伴い3年ぶりに増加したものの、火力発電用の化石燃料の輸入額増や好調な内需等を背景に輸入額が4年連続で増加し過去最大となったことにより、過去最大の赤字となった。(『通商白書　平成26年版　概要』p. 2)
　　　　選択肢1：火力発電用の化石燃料の輸入額増や好調な内需等
　　　　選択肢2：過去最大の赤字となったこと

　この練習問題が不正解だった場合の解説では、(28)のように、どのような表現がその推移の原因を示しているか、その表現から見てどこに原因が書かれているかを示すとよい。

(28)　「を背景」の前に書かれていることが輸出入の増減の原因である。

　このように、何の推移の原因がどのような表現によって示されるか、その表現から見てどこに原因が書かれているかを学習項目として教材を作成すれば、原因が読みとりやすくなる。

6. まとめ

　これまで説明したように、白書を読む教材を作成するには、(29)から(31)までの4つの方針で作成すればよい。

(29)　本文から数値を読みとるために、単位を表す漢数字「億」「兆」や、記号「,」「▲」「＋」、その年の数値と前年との差を表す数値を見分ける知識などを提供する。たとえば、数値の前に「前年比」や「＋」か、数値の後に「増」や「増加」があれば、前年との差を表す数値である。

(30)　図表から数値を読みとるために、図表のタイトルの理解のしかたと、凡例や図表の単位についての知識を提供する。たとえば、凡例の項目の後の（　　）の中に「右」があれば、その項目の目盛りは右側の軸に、「左」があれば左側の軸に表されている。

(31)　数値の意味を読みとるために、数値の大きさや推移を表す表現と、程度を表す表現についての知識を提供する。たとえば、推移を表す表現である「低下」の前に、程度を表す表現である「大幅」があれば、「低下の程度は大きい」という意味を持っている。

(32)　数値の推移の原因を読みとるために、原因を示すために使われる表現と文の構造についての知識を提供する。たとえば、「要因」は収支の原因を示すために使われることが多く、「要因」の後に「は」か「としては」があれば、「要因」の後に原因が書かれている。また、「要因」の後に「となって」があれば、「要因」の前にある「が」の前に原因が書かれている。

（山本晃彦・任ジェヒ・吉本由美）

調査資料

『改訂版　大学・大学院 留学生の日本語③論文読解編』, アカデミック・ジャパニーズ研究会編, アルク, 2015

『通商白書　平成25年版』経済産業省編, 勝美印刷, 2013 ［https://www.meti.go.jp/report/tsuhaku2013/2013honbun_p/index.html］

『通商白書　平成26年版』経済産業省編, 勝美印刷, 2014 ［https://www.meti.go.jp/report/tsuhaku2014/2014honbun_p/index.html］

『通商白書　平成29年版』経済産業省編, 勝美印刷, 2017 ［https://www.meti.go.jp/report/tsuhaku2017/whitepaper/2017.html］

『通商白書　平成30年版』経済産業省編, 勝美印刷, 2018 ［https://www.meti.go.jp/report/tsuhaku2018/whitepaper/2018.html］

『通商白書　令和元年版』経済産業省編, 勝美印刷, 2019 ［https://www.meti.go.jp/report/tsuhaku2019/whitepaper/2019.html］

『テーマ別　上級で学ぶ日本語(三訂版)準拠　力を伸ばす練習帳』, 亀田美保・惟任将彦・杉山知里・野口亮子・草野由希子・佐藤真紀・立和名房子, 研究社, 2019

『学ぼう！にほんご　上級』, 日本語教育教材開発委員会編, 専門教育出版, 2010

第 5 部

論文
を読む教材

論文に書かれている内容と表現

1. 論文に書かれている内容

　論文では、研究主題に関する先行研究を引用し、その先行研究の主張を受け継いだり批判したりして、調査や分析に基づく論文筆者自身の考えや主張が述べられる。

　このうち、先行研究について書かれている部分については、書かれている内容が先行研究からの引用なのか論文筆者の考えなのかの読みとりが日本語学習者にとっては難しいものとなっている。野田尚史・花田敦子・藤原未雪(2017)は、日本語学習者のなかには、論文を読む際、その書かれた内容が先行研究の引用かどうかを正確に読みとれない人が多く見られると指摘している。

　では、論文において先行研究について書かれている部分にはどのような内容が書かれているのだろうか。「経営学」「社会学」「心理学」「教育学」といった社会科学分野の学会誌に掲載された論文を主な対象として調査を行った。その結果、先行研究について書かれた部分では、主に(1)～(4)のような内容が書かれていることがわかった。(1)(2)は先行研究からの引用を表し、(3)(4)は論文筆者の考えを表すものである。

(1)　先行研究の主張の概要
　　　研究主題や研究主題と関連する事柄について先行研究にはどのような主張が存在するか、その概要を示す。
(2)　具体的な研究例
　　　研究主題や研究主題と関連する事柄について先行研究にはどのような主張が存在するか、その概要を示したあとに、その

主張をしている具体的な研究例を提示する。また、筆者の考えを示したあとに、その考えと同様の指摘や主張をする研究例を提示する。

(3)　先行研究からの受け継ぎ
引用した先行研究の主張を受け継ぎ、そこから導かれる論文筆者の考えを述べる。

(4)　先行研究への批判
引用した先行研究の主張について批判したり、これまでの研究の不十分さを指摘したりする。

　たとえば、(5)の例では最初の文で、(1)の「先行研究の主張の概要」が述べられている。そして、「例えば」以降の2つ目の文で、(2)の「具体的な研究例」が示されている。

(5)　さらに，学習志向性に影響を及ぼす組織的要因を検討する必要性も指摘されている(Chadwick et al., 2015; Dragoni, 2005, Kozlowski et al., 2001)。例えばDragoni (2005)は、リーダーの行動が集団風土に影響することを介し，集団内の個人が集団風土と同じ目標志向性を持つことをモデル化した。(砂口文兵「学習志向性に対する変革型リーダーシップの影響とそのメカニズムの検討」『経営行動科学』30(2), pp. 85–86, 2018)

　(6)の例では「この点からいえば」以降の2つ目の文で、(3)の「先行研究からの受け継ぎ」を表している。

(6)　例えば先述の鈴木・麓(2009)は，役割の曖昧性がメンタリング行動を抑制することを示している。この点からいえば，役割の曖昧性は仕事の相互依存性と密接に関わることは推測できるものの，その有効性や機能については改めて精査が必要な特性だと考えられる。
(正木郁太郎・村本由紀子「性別ダイバーシティの高い職場における職務特性の心理的影響—仕事の相互依存性と役割の

曖昧性に着目して―」『経営行動科学』30 (3), p. 138, 2018)

(7)の例では、(4)の「先行研究への批判」を表している。

(7)　　以上の多国籍企業論の先行研究では，海外子会社単独のオペ
　　　レーションに大きな関心が払われているものの，そのサプラ
　　　イ・チェーンの仕組みやあり方についてはほとんど言及され
　　　ていない。　　　　　　　　　　　　　　（佐伯靖雄「日系自動車部
　　品企業の現調化基本戦略」『アジア経営研究』23, p. 46, 2017)

　2. から5. では、(1)の「先行研究の主張の概要」、(2)の「具体的
な研究例」、(3)の「先行研究からの受け継ぎ」、(4)の「先行研究へ
の批判」の内容が書かれている場合に、どのような表現が用いられ
ているかを述べる。(1)については2. で、(2)については3. で、(3)
については4. で、(4)については5. で詳しく述べる。

2. 先行研究の主張の概要を示す場合の表現

　研究主題や研究主題と関連する事柄について先行研究にはどのよ
うな主張が存在するか、その概要を示す場合、出典の表示という観
点において、次の2つのタイプが存在する。

(8)　　引用部分に出典が示されていない
(9)　　引用の終了部分に出典が示されている

　(8)の引用部分に出典が示されていない場合には文中に引用であ
ることを表す表現が用いられている。このとき引用先は、引用した
内容を主張したすべての先行研究ということになる。
　(9)の引用の終了部分に出典が示されているというのは、たとえ
ば、「指摘されている(鈴木2009)」のように示されるものである。
この場合、出典の表示の直前には引用であることを表す表現が用い

られていることが多いが、用いられていないこともよくある。

　この(8)(9)どちらの場合においても、引用であることを表す表現には主に『分類語彙表 増補改訂版』の分類項目「見せる」に分類される「指摘する」「明らかにする」といった動詞が用いられ、それらの動詞の受身形に「ている」「てきた」の形式がついた「〜(ら)れている」「〜(ら)れてきた」という述語が用いられている。そして、これらの述語は対象を表す助詞「が」と結びついて用いられている。(10)によく用いられている表現を示す。

(10)　〜が指摘されている、〜が指摘されてきた、〜が明らかにされている

　(11)は(8)の引用部分に出典が示されていない例である。最初の文で述べられた事柄について、下線部分の文は先行研究でどのような主張がされているか、その概要を示している。しかし、その文には出典が示されていない。そこでは「見せる」ことを表す動詞「指摘する」の受身形に「ている」の形式がついた「指摘されている」という述語が、対象を表す助詞「が」とともに用いられている。そして、この文のあとこの主張をする具体的な研究例が示されている。

(11)　第二に，近年，全日制幼稚園の政策決定に関して，連邦政府でありながらカナダ全域で一体的な動向が見られるからである。カナダは，自由主義的な国家体制を敷き，連邦政府による政策企図が各州に行き渡りにくいことが指摘されている。Kershaw[11]によると，連邦政府がカナダ全域に政策の実行を意図したとしても，州政府が連邦政府に期待するのは主に資金の供給であり，政策の主導権は譲らない傾向にあるという。（松井剛太「カナダのオンタリオ州とブリティッシュコロンビア州における全日制幼稚園の政策過程―構成主義的政策過程論に基づく分析―」『保育学研究』56 (2), pp. 19–20, 2018）

　(12)は(9)の引用の終了部分に出典が示されている例である。下

線部分はコーチング行動について先行研究にはどのような主張があ
るか、その概要を述べた文であり、引用の終了部分に出典が示され
ている。そこでは「見せる」ことを表す動詞「指摘する」の受身形
に「てきた」の形式がついた「指摘されてきた」という述語が、対
象を表す助詞「が」とともに用いられている。そして、この文のあ
とこの主張と合う具体的な研究例が示されている。

(12) いくつかの文脈要因がコーチング行動に影響を与える可能性
が指摘されてきた(Hagen, 2012)。例えば，セールスマネジ
ャーのコーチング行動では，組織が長期目標を掲げている場
合の方が，短期的な目標によって結果を出すプレッシャーを
受けている場合よりもコーチング行動をとりやすいとされる
(Pousa & Mathieu, 2010)。
　　　　　　　　　　　　　（谷口智彦「救急救命士のコーチング行動に
影響を与える先行要因―暗黙的特性観，受けた指導経験およ
び経験学習の影響―」『経営行動科学』30 (3), p. 156, 2018)

3. 具体的な研究例を示す場合の表現

　研究主題や研究主題と関連する事柄について、先行研究の主張の
概要を示したあとにその指摘をしている具体的な研究例を提示した
り、筆者の考えを示したあとに同様の指摘をする研究例を提示した
りする場合、出典の表示の位置という観点において、次の2つのタ
イプが存在する。

(13)　引用の開始部分に出典が示されている
(14)　引用の終了部分に出典が示されている

　(13)については3.1で、(14)については3.2で詳しく述べる。

3.1 引用の開始部分に出典が示されている場合の表現

　引用の開始部分に示される出典には、たとえば「鈴木(2009)は」「鈴木(2009)では」「鈴木(2009)によれば」「鈴木(2009)によると」のように、出典に「は」「では」「によれば」「によると」などの形式が接続したものがある。この場合、引用の終了部分にはそれぞれの出典の形式に応じて引用であることを表す表現が用いられていることが多い。ただし、「によれば」「によると」の形式が接続する場合は、引用であることを表す表現が用いられないこともよくある。

　出典に「は」が接続する場合、引用であることを表す表現には主に『分類語彙表 増補改訂版』の分類項目「見せる」に分類される「示す」「明らかにする」「指摘する」といった動詞や言語の活動を表す「述べる」「論じる」といった動詞が用いられ、それらの動詞に「ている」「た」の形式がついた「〜ている」「〜た」という述語が用いられている。また、動詞「する」の「している」「する」という述語も用いられている。「見せる」ことを表す動詞が用いられた述語は対象を表す助詞「を」と結びつき、言語の活動を表す動詞が用いられた述語や動詞「する」の「している」「する」といった述語は引用を表す助詞「と」と結びついて用いられている。ただし、「見せる」ことを表す動詞である「指摘する」が用いられた述語は「を」と「と」のどちらにも結びつく。(15)によく用いられている表現を示す。

(15)　〜を示している、〜を明らかにしている、〜を／と指摘している、〜を示した、〜を明らかにした、〜を／と指摘した、〜と述べている、〜と論じている、〜としている、〜とする

　(16)は出典に「は」が接続した形式で表されている例である。最初の文で先行研究にどのような主張があるか、その概要を述べたあと、下線部分の文はその具体的な研究例を提示している。そこでは言語の活動を表す動詞「述べる」に「ている」がついた「述べている」という述語が、引用を表す助詞「と」とともに用いられている。

(16)　デシスタンスの測定については，主に追跡期間の問題が指摘
　　　されている．Farrington（1986）は，「5年や10年，犯罪が無い
　　　期間があっても，犯罪が終結したことの保証にはならない」
　　　（Farrington1986: 201）と述べている．

　　　　　　　　　　　　　　　（只野智弘他「非行からの立ち直り
　　　　　　　　（デシスタンス）に関する要因の考察─少年院出院者に対する
　　　　　　　　質問紙調査に基づいて─」『犯罪社会学研究』42, p. 77, 2017）

　出典に「では」が接続する場合、引用であることを表す表現には
主に「見せる」ことを表す「示す」「明らかにする」「指摘する」といっ
った動詞の受身形に「ている」の形式がついた「～（ら）れている」
という述語が用いられているが、接続する動詞は受身形ではなく、
「～ている」という述語の場合もある。これらの述語は対象を表す
助詞を取るが、動詞が受身形の場合は「が」、受身形ではない場合
は「を」と結びつく。ただし、「見せる」ことを表す動詞である「指
摘する」が用いられている述語は「が」「を」のほかに「と」と結び
つく場合もある。（17）によく用いられている表現を示す。

(17)　～が示されている、～が明らかにされている、～が／と指摘
　　　されている、～を示している、～を明らかにしている、～を／
　　　と指摘している

　（18）は出典に「～では」が接続した形式で表されている例である。
最初の文で先行研究に対する筆者の批判を述べたあと、下線部分の
文はその批判と同様の指摘をしている研究例を提示している。そこ
では「見せる」ことを表す動詞「明らかにする」の受身形に「てい
る」がついた「明らかにされている」という述語が、対象を表す助
詞「が」とともに用いられている。

(18)　第1に，職場内の多様な人間関係を捉えきれていない点が挙
　　　げられる。多くのメンタリング研究の基盤となっている
　　　Kram（1985）では，18組の2人（メンターとプロテジェ）の人

間関係について詳細な調査が行われ，インフォーマルに生じたメンタリング関係の形成プロセスやそこで提供された発達支援的な機能が明らかにされている。　　　　　（坂本理郎「キャリア初期のデベロップメンタル・ネットワークの特性に対する職務特性の影響」『日本労務学会誌』19 (1), p.7, 2018）

　出典に「によれば」「によると」が接続する場合、引用であることを表す表現には主に「見せる」ことを表す動詞「示す」の受身形に「ている」の形式がついた「示されている」や、動詞「する」「いう」の「している」「されている」「いう」といった述語が用いられている。「示されている」という述語は対象を表す助詞「が」と結びつき、「している」「されている」「いう」といった述語は引用を表す助詞「と」と結びついて用いられている。(19)によく用いられている表現を示す。

(19)　～が示されている、～としている、～とされている、～という

　(20)は出典に「～によると」が接続した形式で表されている例である。最初の文で先行研究にどのような主張があるか、その概要を述べたあと、下線部分の文はその具体的な研究例を提示している。そこでは「されている」という述語が、引用を表す助詞「と」とともに用いられている。

(20)　年齢差の研究が進む一方で、性差に言及した研究例もある。Steketee & Frost（2007 五十嵐訳 2013）によると、ホーディングの発症は男性よりも女性に顕著であり、特に精神医学的治療を求めるのは女性に多いとされている。
　　　　　　　　　　　　　　　（池内裕美「溜め込みは何をもたらすのか―ホーディング傾向とホーディングに因る諸問題の関係性に関する検討―」『社会心理学研究』34 (1), p. 2, 2018）

　また、引用の開始部分に出典が示されている場合、その引用は2

つの文や節にまでおよぶことも多くある。その場合、2つ目の文や節にも同様の述語が用いられていることが多い。そして、連続する2つの文・節の結びつきを表す表現として、「そして」「さらに」のような添加、列挙の接続語(日本語記述文法研究会編(2009))や、「そこでは」「それらの研究では」のように「そこ」「それらの」などの「そ」を含む指示語が用いられていることが多い。指示語については、「これ」「この」など「こ」を含む指示語はほとんど用いられていない。

　(21)は引用の開始部分に「Chadwick et al. (2015)は」という出典が示されており、その引用は点線の下線部分の2文におよぶ。1つ目の文には「〜を示している」、2つ目の文には「〜が指摘されている」という引用であることを表す表現が用いられている。その際、2つの文の結びつきを表す表現として、実線の下線部分「そこでは」の「そこ」のように「そ」を含む指示語が用いられている。

(21)　加えて、Chadwick et al. (2015)は，学習志向性を含む目標志向性が，組織学習に影響するモデルを示している。そこでは，学習志向性は個人レベルに留まらず，集団レベルや組織レベルで共有されることが指摘されている。　　　　　　　（砂口文兵「学習志向性に対する変革型リーダーシップの影響とそのメカニズムの検討」『経営行動科学』30 (2), p. 86, 2018)

3.2 引用の終了部分に出典が示されている場合の表現

　引用の終了部分に出典が示される場合、その出典の直前には引用であることを表す表現が用いられていることが多いが、用いられていないこともよくある。

　引用であることを表す表現には主に「見せる」ことを表す「示す」「明らかにする」「指摘する」といった動詞の受身形に「ている」の形式がついた「〜(ら)れている」や、動詞「する」の「されている」「される」といった述語が用いられている。「見せる」ことを表す動詞の受身形が用いられた述語は対象を表す助詞「が」と結びつ

き、「されている」「される」といった述語は引用を表す助詞「と」と結びついて用いられている。ただし、「見せる」ことを表す動詞である「指摘する」が用いられている述語は「が」と「と」のどちらにも結びつく。(22)によく用いられている表現を示す。

(22)　～が示されている、～が明らかにされている、～が／と指摘
　　　　されている、～とされている、～とされる

　(23)は最初の文で研究主題について先行研究ではどのような主張があるか、その概要を述べたあと、下線部分の文でその具体的な研究例を提示しており、その終了部分に出典が示されている。そこでは「見せる」ことを表す動詞「示す」の受身形に「ている」の形式がついた「示されている」という述語が、対象を表す助詞「が」とともに用いられている。

(23)　このソーシャルスキルは具体的な対人場面で用いられるなど
　　　　の特徴があり(相川・藤田，2005)，スキルを獲得しているか
　　　　どうかは対人関係における適応に影響することが明らかにさ
　　　　れている。たとえば，ソーシャルスキルは対人関係で劣等感
　　　　を感じる場面への遭遇頻度と負の関連が示されている(橋本,
　　　　2000)。　　　　　　　　　　　（永井暁行「ソーシャルスキルと態
　　　　度による大学生の友人との付き合い方の分類―友人関係によ
　　　　る居場所感の違い―」『教育心理学研究』66 (1), p. 55, 2018)

4. 先行研究からの受け継ぎを表す場合の表現

　先行研究の主張を受け継ぎ、そこから導かれる論文筆者の考えを述べる場合、論文筆者の考えであることを表す表現として主に思考の活動を表す「考える」「予想する」「予測する」といった動詞や、動詞「言う」の自発形、可能形の述語が用いられている。そして、これらの述語は引用を表す助詞「と」と結びついて用いられている。

(24)によく用いられている表現を示す。

(24)　〜と考えられる、〜と予想される、〜と予測される、〜と言える

　(25)は最初に先行研究を引用したあと、下線部分でその先行研究の主張を利用した論文筆者の考えを述べている。そこでは動詞「言う」の可能形「言える」という述語が、引用を表す助詞「と」とともに用いられている。

(25)　友人の意義や友人からの評価は大きな意味を持つ一方で，それゆえにその評価によって自己が傷つきダメージを受けないよう，距離を持った関わり方をする(岡田，2012)と言われるように，このような距離をとった付き合い方は傷つきやすい自分を守るための方略であるとも言える。
(永井暁行「ソーシャルスキルと態度による大学生の友人との付き合い方の分類―友人関係による居場所感の違い―」『教育心理学研究』66 (1), p. 55, 2018)

　また、先行研究が引用されている文・節のあとに続いて、先行研究の主張から受け継いだ論文筆者の考えを述べる文・節が表される場合、連続する2つの文・節の結びつきを表す表現として、「したがって」のような確定条件の接続語(日本語記述文法研究会編(2009))や、「このように」「これらの研究から」のように「この」「これらの」などの「こ」を含む指示語が用いられていることが多い。3.の具体的な研究例からの引用を表す場合とは逆に、「そ」を含む指示語はほとんど用いられていない。

　(26)も最初の文で先行研究を引用したあと、点線の下線部分で先行研究の主張から導かれる論文筆者の推論を述べている。「という」という引用を表す述語が用いられた文と、「考えられる」という論文筆者の考えであることを表す述語が用いられた文のあいだには、実線の下線部分「このことから」の「この」のように「こ」を含む

指示語が用いられている。

(26)　Van Boven and Loewenstein（2003, 2005）は，他者の心的状態
　　　の推論において，人は他者を自己に置き換えて推論するとい
　　　う。このことから共感のプロセスでは，自他を同一視する状
　　　態が生起すると考えられる。

（玉置了「共感と信頼が顧客のサービス担当者に対
する支援意識に及ぼす影響」『流通研究』21 (2), p. 35, 2018）

5. 先行研究への批判を表す場合の表現

　引用した先行研究の主張について批判したり、これまでの研究の
不十分さを指摘したりする場合、その批判が論文筆者の考えである
ことを表す表現が用いられている。
　先行研究への批判が論文筆者の考えであることを表す表現には主
に否定の形式を持つ語や、文脈で否定的な意味を持つ述語が用いら
れている。(27)によく用いられている表現を示す。

(27)　ない、見られない、検討されていない、明らかではない、十
　　　分ではない、不十分である、少ない、限られている

　(28)の下線部分は直前の節で引用した先行研究の不十分さを指
摘しているが、そこでは否定の意味を持つ「少ない」、「明らかでは
ない」という述語が用いられている。

(28)　中小労働組合運動については，組織率の低下のような官庁統
　　　計を使った明確な数値傾向は確認されているが，実際の組合
　　　運営や産別組織の支援のような実態に対しては調査が少なく，
　　　中小労働組合運営の何が課題でどのような支援が効果的なの
　　　かは明らかではない。

（梅崎修・田口和雄「中小労働組合運動におけ

る企業別労働組合・産別組織の関係―ユニオン・リーダーの聞き取り調査から―」『日本労務学会誌』19（1），p. 43, 2018）

　また、先行研究が引用されている文・節のあとに続いて、先行研究への批判や不十分さを指摘する文・節が表される場合、連続する2つの文・節の結びつきを表す表現として、「しかし」「一方で」のような逆接や対比の接続語（日本語記述文法研究会編（2009））や、「この研究は」「これらの研究では」のように「この」「これらの」などの「こ」を含む指示語が用いられていることが多い。ここでも「そ」を含む指示語はほとんど用いられていない。

　（29）も最初の文で先行研究を引用したあと、点線の下線部分で先行研究に対する論文筆者の批判を述べている。「示した」という引用を表す述語が用いられた文と、「限界がある」という論文筆者の批判であることを表す述語が用いられた文のあいだには、実線の下線部分「しかしながら」という接続語とともに「この研究は」の「この」のように「こ」を含む指示語が用いられている。

(29)　まず麓（2009）は、職場における役割曖昧性やタスク相互依存性という仕事そのものの特性（職務特性）が1対多のメンタリング関係すなわちDNに与える影響を示した。しかしながらこの研究は，DNの構造特性のみを照射しており，そこで提供される発達支援的な機能の特性，つまりDNを構成する人物から提供されるメンタリング機能（以下，「機能特性」）についての議論が無いという点や，DNの構造を人数以外の要素たとえば関係の強さといった指標から測定していない点に限界がある。　　　　　　　　　　（坂本理郎「キャリア初期のデベロップメンタル・ネットワークの特性に対する職務特性の影響」『日本労務学会誌』19（1），p. 39, 2018）

6. まとめ

　論文のなかで先行研究について書かれている部分を対象にどういった内容が書かれているか、そして、先行研究からの引用と論文筆者の考えがそれぞれどのような表現で書かれていているかを調査した。結果をまとめると(30)から(34)のようになる。

(30)　先行研究について書かれている部分の内容には主に「先行研究の主張の概要」「具体的な研究例」「先行研究からの受け継ぎ」「先行研究への批判」の4つがある。

(31)　先行研究の主張の概要を示す際、出典が引用部分に示されていない場合と出典が引用の終了部分に示されている場合がある。引用であることを表す表現は、どちらの場合も主に「見せる」ことを表す「指摘する」「明らかにする」といった動詞の受身形が「～(ら)れている」「～(ら)れてきた」という形式で用いられている。これらは助詞「が」と結びついて用いられている。

(32)　具体的な研究例を示す場合

　　a.　出典が引用の開始部分に示されている場合と出典が引用の終了部分に示されている場合がある。出典が引用の開始部分に示されている場合、出典に「は」「では」「によれば」「によると」などの形式が接続したものがある。

　　b.　引用の開始部分で出典に「は」が接続する場合、主に「見せる」ことを表す「示す」「明らかにする」「指摘する」といった動詞や言語の活動を表す「述べる」「論じる」といった動詞の「～ている」「～た」、動詞「する」の「している」「する」などの形式が用いられている。これらは助詞「を」または「と」と結びついて用いられている。

　　c.　引用の開始部分で出典に「では」が接続する場合、主に「見せる」ことを表す「示す」「明らかにする」「指摘する」といった動詞が「～(ら)れている」「～ている」とい

う形式で用いられている。これらは助詞「が」または「を」と結びついて用いられている。

d.　引用の開始部分で出典に「によれば」「によると」が接続する場合、主に「見せる」ことを表す動詞「示す」の「示されている」、動詞「する」「いう」の「している」「されている」「いう」といった形式が用いられている。これらは助詞「が」または「と」と結びついて用いられている。

e.　引用の開始部分に出典が示され、その引用が2つの文や節にまでおよぶ場合、それらの結びつきを表す表現として「そして」「さらに」のような添加、列挙の接続語や、「そこでは」「それらの研究では」のように「そこ」「それらの」などの「そ」を含む指示語が用いられていることが多い。

f.　出典が引用の終了部分に示されている場合、主に「見せる」ことを表す「示す」「明らかにする」「指摘する」といった動詞の「〜(ら)れている」、動詞「する」の「されている」「される」といった形式が用いられている。これらは助詞「が」または「と」と結びついて用いられている。

(33)　先行研究からの受け継ぎを表す場合

a.　「〜と考えられる」「〜と言える」「〜と予想される」「〜と予測される」など、主に思考の活動を表す動詞や動詞「言う」の自発形、可能形が助詞「と」とともに用いられている。

b.　先行研究が引用されている文・節と先行研究の主張から受け継いだ論文筆者の考えを述べる文・節が連続する場合、それらの結びつきを表す表現として「したがって」のような確定条件の接続語や、「このように」「これらの研究から」のように「この」「これらの」などの「こ」を含む指示語が用いられていることが多い。

(34)　先行研究への批判を表す場合

a.　主に「ない」「見られない」「検討されていない」「明らか

ではない」「十分ではない」といった否定の形式を持つ述
語や、「不十分である」「少ない」「限られている」といっ
た文脈で否定的な意味を持つ述語が用いられている。

b. 先行研究が引用されている文・節と先行研究への批判や
不十分さを指摘する文・節が連続する場合、それらの結
びつきを表す表現として「しかし」「一方で」のような逆
接や対比の接続語や、「この研究は」「これらの研究では」
のように「この」「これらの」などの「こ」を含む指示語
が用いられていることが多い。

（松下光宏）

調査資料

『分類語彙表 増補改訂版』, 国立国語研究所編, 大日本図書, 2004–［「分類語彙
表―増補改訂版データベース」：https://clrd.ninjal.ac.jp/goihyo.html］

参考文献

日本語記述文法研究会編(2009)『現代日本語文法7　第12部　談話』くろしお
出版

野田尚史・花田敦子・藤原未雪(2017)「上級日本語学習者は学術論文をどのよう
に読み誤るか―中国語を母語とする大学院生の調査から」『日本語教育』167:
pp. 15–30. 日本語教育学会［https://www.jstage.jst.go.jp/article/nihongokyoiku/
167/0/167_15/_pdf/-char/ja］

学習者が論文を読む難しさ

1. 学習者が論文を読む難しさの概要

　日本に関係する研究分野を専攻している大学生や大学院生、研究者は、日本語で書かれた論文を読む必要があることが多い。論文は他の文章に比べ、内容を正確に理解することが強く求められる。過去に行われた研究の内容を正確に理解していないと、過去に行われた研究とは違う新しい研究を行うことができないからである。

　論文で使われる語は分野によって大きく違う。そのため、自分が専攻している分野の語は知っておく必要があるが、他の分野の語は知らなくてもよい。また、論文の書き方も分野によって大きく違う。そのため、自分の分野の論文は理解できるようにしておく必要があるが、他の分野の論文は理解できなくてもよい。

　しかし、論文に出てくる語は辞書に載っていない専門的なものが多い。また、複雑な構造を持つ文が使われていることも多い。さらに、一般的な常識とは違う内容が書かれていることも多い。そのため、論文は上級レベルの日本語学習者にとっても、書かれている内容を正確に理解するのが難しい。

　ここでは、学習者に論文を読んでもらい、理解した内容を自分の母語で話してもらう調査で得られた結果をもとに、学習者が論文を読むときの難しさについて(1)から(4)のようなことを述べる。

(1)　語の意味を理解する難しさ：文を語の単位に区切ったり、表記が似ている複数の語を識別したり、個々の漢字の意味から語の意味を推測したりするのが難しい。

(2)　文の構造を理解する難しさ：文末のモダリティ的表現や、述

語修飾構造、名詞修飾構造、並列構造などを理解するのが難しい。

(3) 文脈や背景知識と関係づけて理解する難しさ：文の意味を文脈や背景知識と適切に関係づけて理解するのが難しい。

(4) 辞書を使う難しさ：わからない語を辞書で調べ、その文脈にあう語義を選ぶのが難しい。

この後、2.で調査方法について説明し、3.から6.でそれぞれ(1)から(4)について述べる。最後の7.ではまとめを行い、今後の課題を示す。

2. 調査方法

学習者が論文を読むときの難しさを調べるために、(5)から(7)の方法で調査を行った。

(5) 個々の学習者に自分の研究のために読む必要がある論文を選んでもらう。

(6) 学習者に普段どおり辞書やパソコンを使いながらその論文を読んでもらいながら、読みとった内容や、読みながら考えたこと、理解できないところなどを自分の母語で話してもらう。

(7) 学習者に話してもらっただけではどのように理解したか、なぜそのように理解したかがわからないときは、調査者が学習者にその人の母語で質問をし、母語で答えてもらう。

調査対象者は日本の大学で学ぶ大学院生で、中国語を母語とする学習者30名である。対象者はすべて日本語能力試験1級またはN1を取得している。調査対象者を中国語を母語とする学習者だけにしたのは、日本語の論文を読む必要がある学習者の中では中国語を母語とする学習者が多いからである。

調査は、2012年9月から2015年2月に、日本語と中国語をほぼ同

時通訳できる通訳者を介して行った。調査者と学習者の発話はすべて録音し、辞書の使用などの行動も記録した。

　なお、この調査は野田尚史・花田敦子・藤原未雪（2017）のために行われた調査と同じものである。詳しい調査方法や調査で得られた詳しいデータは、論文の公開許諾が得られなかったものを除き、「日本語非母語話者の読解コーパス」で公開されている。

3. 語の意味を理解する難しさ

　学習者にとって、論文に出てくる個々の語の意味を理解するのが難しいことがある。

　3.1では語に区切る難しさについて、3.2では語を識別する難しさについて、3.3では語の意味を推測する難しさについて述べる。

3.1 語に区切る難しさ

　「語に区切る難しさ」というのは、文の中でどこからどこまでが1つの語であるかを判断して語の単位に区切るのが難しいということである。適切に区切れないと、個々の語の意味を理解するのが難しくなることが多い。

　たとえば、次の(8)の「おしなべて」は「どれも同じように」という意味の1語の副詞である。しかし、これを読んだ学習者は「おしなべて」が「お」と「しなべて」に区切れると理解した。

(8)　原価企画が定着している企業はおしなべて業績がよい。

　　　　　　　　　　　　　　　　　（田中雅康他「原価企画
　　の管理対象と目標利益概念」『企業会計』59 (3), p. 121, 2007)

　この学習者は「しなべて」を「調べて」だと思い、この文の意味を「原価企画が安定している企業は、業績を調べると比較的よい」という意味だと理解した。

日本語の一般的な表記ではどこからどこまでが1つの語であるか
が示されないため、学習者にとって語に区切るのが難しいことがあ
る。文の中でひらがなが連続している部分は特に難しい。

3.2 語を識別する難しさ

「語を識別する難しさ」というのは、表記が似ている複数の語を
互いに違うものとして識別するのが難しいということである。適切
に識別できないと、その語の意味を違う意味に理解することになる。
たとえば、次の(9)の「ストレージ」は「データの保存場所」と
いう意味である。しかし、これを読んだ学習者は「ストレージ」を
「ストラテジー」だと思い、「戦略」の意味だと理解した。

(9)　　また携帯電話へ発信するためのコンテンツの<u>ストレージ</u>とし
　　　　てインターネットが活用されている(民法によるインターネ
　　　　ットビジネスに関する報告は別の機会に譲り、本論文では、
　　　　「テレビ局―視聴者間関係」に関する分析、考察に絞る)。
　　　　　　　　　　　　　　　　　　　　(松野良一「インターネッ
　　　　トが「視聴者→テレビ局」のフィードバック過程に及ぼして
　　　　いる影響に関する一考察―TBSのWebサイトの機能分析を中
　　　　心として」『マス・コミュニケーション研究』61, p. 209, 2002)

日本語を学習する前から中国語などの漢字の意味を知っていた漢
字系学習者は、漢字で書かれた語ではなく「ストレージ」のような
カタカナで書かれた語の識別に難しさを感じやすい。一方、日本語
を学習する前は中国語などの漢字の意味を知らなかった非漢字系学
習者は、漢字で書かれた語の識別に難しさを感じやすい。

3.3 語の意味を推測する難しさ

「語の意味を推測する難しさ」というのは、個々の漢字の意味に
ついての知識などをもとにして漢字で書かれた語の意味を推測する

のが難しいということである。適切に推測できないと、その語の意味を違う意味に理解することになる。

たとえば、次の(10)の「手入れして」は「よい状態に保つために整えて」という意味である。しかし、これを読んだ学習者は「手入れして」を「買い入れる」の意味だと理解した。

(10) 「住宅を作っては壊す」社会から「良いものを作って，きちんと手入れして，長く大切に使う」という観点に立ち，［後略］
（野村正史「低炭素都市・地域づくりに向けての不動産政策」『日本不動産学会誌』26（1），p.67, 2012）

「手」と「入」という漢字を組み合わせた語でも、「入手」は「手に入れる」ということであり、「買い入れる」を含む「自分のものにする」という意味である。それに対して、「手入れ（する）」は「手を入れる」ということであり、「よい状態に保つために補修や整備をする」という意味である。「手」と「入」という漢字の意味から「手入れ」の意味を推測するのは難しい。

「入手」のように複数の漢字でできている漢語に比べ、「手入れ」のように複数の漢字でできている和語は、意味を推測するのが難しいことが多い。非漢字系学習者だけでなく、漢字系学習者にとっても、複数の漢字でできている和語の意味を推測するのは難しい。

4. 文の構造を理解する難しさ

学習者にとって、論文に出てくる文の構造を理解するのが難しいことがある。

4.1ではモダリティ的表現を理解する難しさについて、4.2では述語修飾構造を理解する難しさについて、4.3では名詞修飾構造を理解する難しさについて、4.4では並列構造を理解する難しさについて述べる。

4.1 モダリティ的表現を理解する難しさ

「モダリティ的表現を理解する難しさ」というのは、文の最後や従属節の最後に出てくる「とされている」や「とする」のようなモダリティ的表現の意味を理解するのが難しいということである。そのようなモダリティ的表現を適切に理解できないと、その文で述べられていることが著者の考えであるのか引用であるのか仮定であるのかといった重要な意味を理解できないことになる。

たとえば、次の(11)の文の最後にある「非常に重要な意味を持つとされている」は「非常に重要な意味を持つと(多くの人によって)言われている」という意味である。しかし、これを読んだ学習者は「とても重要な意味がある」という意味だと理解した。つまり、「非常に重要な意味を持つ」というのは他人の考えではなく、この論文の著者の考えだと理解したということである。

(11)　このような状況の中でも、介護者が自身の健康を損なうことなく健康であることは、介護の質を向上させるだけではなく、介護者の虐待や自殺を予防するという点においても非常に重要な意味を持つとされている。

（東野定律他「続柄別にみた家族介護者の介護負担感と精神的健康の関連」『経営と情報』22 (2), p. 98, 2010）

論文では、その文で述べられていることが著者の考えであるのか他の研究者の考えの引用であるのか仮定であるのかといったことが非常に重要である。

しかし、このようなモダリティ的表現は文の最後や従属節の最後に出てくる短い表現であり、ひらがなで書かれるものが多い。そのため、特に漢字系学習者はモダリティ的表現を重要な部分だとは考えない傾向がある。

論文に出てくるこのようなモダリティ的表現は数が限られており、それぞれの意味を習得するのが特に難しいとは考えられない。学習者は、モダリティ的表現の重要性を理解し、論文を読むときに意識

すればよいだけである。しかし、実際にはモダリティ的表現を重要なものとは考えていないために、モダリティ的表現を含む文の意味を適切に理解できないことが多くなっている。

4.2 述語修飾構造を理解する難しさ

「述語修飾構造を理解する難しさ」というのは、述語修飾部分が述語を修飾している構造を理解するのが難しいということである。述語修飾構造というのは、「～は」という文の主題や「～が」「～を」「～に」のような格成分、「必ずしも」のような副詞類、「～ため」のような従属節が動詞や形容詞などの述語を修飾している構造である。そのような述語修飾構造を適切に理解できないと、述語修飾部分と述語との関係がわからず、その文の意味を適切に理解できないことになる。

たとえば、次の(12)では実線の下線部分「～大型車が売り上げを回復していったことは」は点線の下線部分「示している」を修飾している。しかし、これを読んだ学習者はこの文は「大型車の販売状況は改善したが、小型車については順調に進んだわけではない」という意味を表していると理解した。

(12)　例えば，徐々に景気が過熱していく中で，2009年の夏以降、2.5リットル以上の<u>大型車が売り上げを回復していったことは</u>，小型車への誘導が完全に思惑通りに進んだわけではないことを<u>示している</u>。

　　　　　　　　　　　　（上山邦雄「中国自動車産業の発展と民族系メーカーの可能性」『産業学会研究年報』26, p. 32, 2011）

この学習者は、「～大型車が売り上げを回復していったことは」という文の主題が「示している」という述語を修飾しているという述語修飾構造を理解していなかったということである。

このような述語修飾構造は「回復していったこと」の後の「は」や「示している」の前の「を」で示されているが、学習者はそのよ

うな構造を意識できないことがある。

4.3 名詞修飾構造を理解する難しさ

「名詞修飾構造を理解する難しさ」というのは、名詞修飾部分が名詞を修飾している構造を理解するのが難しいということである。名詞修飾構造というのは、「沖縄の」のような「［名詞］の」や、「古い」「多大な」のような形容詞類、「2015年から行われてきた」のような名詞修飾節が名詞を修飾している構造である。そのような名詞修飾構造を適切に理解できないと、名詞修飾部分と名詞との関係がわからず、その文の意味を適切に理解できないことになる。

　たとえば、次の(13)では「神の家の意味をもつ」は「ヘンティウラ」を修飾している。しかし、これを読んだ学習者は「ガンツァイマンは神の家という意味だ」ということを表していると理解した。

(13)　ガンツァイマンには、神の家の意味をもつヘンティウラがあり、その周辺の広場全体がガンツァイマンと呼ばれている。
　　　　　　　　　　　　　　　　　（山崎寿一・馮旭「生活地名による集落空間の分析手法—雲南省西双版納ダイ族集落・曼海を例に」『日本建築学会計画系論文集』76 (666), p. 1418, 2011)

　この学習者は、「神の家の意味をもつ」という名詞修飾節が「ヘンティウラ」という名詞を修飾しているという名詞修飾構造を理解していなかったということである。

　このような名詞修飾構造は「神の家の意味をもつヘンティウラ」のように動詞や形容詞の後に名詞があることで示されているが、学習者はそのような構造を意識できないことがある。

4.4 並列構造を理解する難しさ

「並列構造を理解する難しさ」というのは、名詞と名詞が並列されていたり述語と述語が並列されていたりする構造を理解するのが

難しいということである。並列構造というのは、「と」「や」「か」「、」「または」などを使って名詞と名詞が並列されていたり、「あり」のような動詞や形容詞の連用形のほか、「か」「また」などを使って述語と述語が並列されていたりする構造である。そのような並列構造を適切に理解できないと、何と何が並列されているかがわからず、その文の意味を適切に理解できないことになる。

　たとえば、次の(14)では「既に相手に知識として入っているもの」と「相手の置かれている状況から相手が当然理解・類推ができるもの」と「一般的真理」が並列されている。しかし、これを読んだ学習者は「既に相手に知識として入っているもの」と「相手の置かれている状況から相手が当然理解・類推ができるもの」が「一般的真理」の例を表していると理解した。

(14)　相手の持つ予備知識とは，<u>既に相手に知識として入っているもの</u>，<u>相手の置かれている状況から相手が当然理解・類推ができるもの</u>，<u>一般的真理</u>などである。

（鎌田精三郎「日本語助詞「は」と「が」
―情報伝達の観点から」『城西人文研究』19 (2), p. 18, 1992）

　この学習者は、「〜入っているもの」と「〜できるもの」と「一般的真理」の3つが並列されているという並列構造を理解していなかったということである。

　この部分は「A、B、Cなど」という構造になっている。「A、Bなど、C」という構造であれば、「A」と「B」は「C」の例を表していることになる。たとえば「淡路島、小豆島など、瀬戸内海の島では」であれば、「淡路島」と「小豆島」は「瀬戸内海の島」の例になる。しかし、「A、B、Cなど」という構造では、「A」と「B」と「C」は互いに対等に並列されている。

　このような並列構造は、論文では「と」や「や」だけでなく「、」で示されることも多い。学習者は特に「、」で表される並列構造を意識できないことがある。

5. 文脈や背景知識と関係づけて理解する難しさ

　学習者にとって、論文に出てくる文の意味を文脈や背景知識と適切に関係づけて理解するのが難しいことがある。

　5.1では文脈と関係づけて理解する難しさについて、5.2では背景知識と関係づけて理解する難しさについて述べる。

5.1　文脈と関係づけて理解する難しさ

　「文脈と関係づけて理解する難しさ」というのは、文の意味を前後の文と適切に関係づけて理解するのが難しいということである。具体的には、「それ」「その」のような指示語が何を指しているのかを理解したり、「そのため」「ただし」のような接続表現や「ためである」「ということである」のような文末表現から文と文の関係を理解したりする難しさである。文の意味を文脈と適切に関係づけて理解できないと、文と文の関係がわからず、文章の中でのその文の意味を適切に理解できないことになる。

　たとえば、次の(15)の「そのため」は「世界どこでも同じサイクルで商品供給を可能にするロジスティクス体制のため」ということである。しかし、これを読んだ学習者は「世界各地に商品を送るため」ということだと理解した。

(15)　そして，その前提となっているのが，<u>世界どこでも同じサイクルで商品供給を可能にするロジスティクス体制</u>である。コスト高の航空機輸送を用いるのも<u>そのため</u>である。
　　　（橋本雅隆「アパレル業界におけるグローバル事業システム—ZARAの事例を通じて」『経営システム』17 (4), p. 277, 2007）

　「そのため」の「そ」は前の文にある「世界どこでも同じサイクルで商品供給を可能にするロジスティクス体制」を指している。しかし、この学習者は「そのため」を前の文とは関係づけずに、直前にある「航空機輸送」から「世界各地に商品を送るため」だと理解した。

論文では、文と文が論理的な関係でつながっていることが多い。その関係が複雑なこともある。学習者はそのような文と文の関係を理解できないことがある。

5.2 背景知識と関係づけて理解する難しさ

　「背景知識と関係づけて理解する難しさ」というのは、文の意味を自分が持っている背景知識と適切に関係づけて理解するのが難しいということである。文の意味を背景知識と適切に関係づけて理解できないと、その文の内容を適切に理解できないことになる。

　たとえば、次の(16)の「高価格のブランド」は「海外戦略の基本哲学」なので、海外のどの地域にも当てはまるものである。しかし、これを読んだ学習者は「収入が高い地域では高価格のブランドを設定し、収入がそれほど高くない地域ではその地域にふさわしい価格のブランドを設定する」ことだと理解した。

(16)　サムスン電子は，地域別で差別化された市場進出戦略を持っている。海外戦略の基本哲学は，現地消費者の嗜好を反映した<u>高価格のブランド</u>で，中長期的な収益基盤を構築することである。

　　　　　（犬塚正智「韓国半導体産業のDRAM戦略―サムスン電子のケースを中心に」『創価経営論集』34（2・3），p. 34，2010）

　この学習者は、前の文に「地域別で差別化された市場進出戦略を持っている」と書かれていることから、地域によって戦略が違うと理解した。そして、自分が持っている背景知識をもとに「高価格のブランドは収入が高い地域だけ」のことだと理解した。

　論文を読むとき、論文に書かれている内容を、自分が持っている背景知識をもとに適切に推測できることがある。一方で、論文に書かれている内容が自分が持っている背景知識とは違うこともある。そのような場合、文の構造をよく理解しないまま、背景知識をもとに文の内容を推測すると、不適切な理解になることがある。学習者

にとって、論文の内容を背景知識と適切に関係づけて理解するのは
難しい。

6. 辞書を使う難しさ

　学習者にとって、論文を読んでいて、わからない語があったとき、
辞書で調べて、その文脈にあう語義を選ぶのが難しいことがある。
　6.1では入力語を切り出す難しさについて、6.2では使う辞書を決
める難しさについて、6.3では語義を選ぶ難しさについて説明する。

6.1 入力語を切り出す難しさ

　「入力語を切り出す難しさ」というのは、読んだ文の中から辞書
に入力する語を切り出すのが難しいということである。辞書に入力
する語を適切に切り出せないと、辞書で調べても、調べたい語が見
つからないことになる。
　たとえば、次の(17)の「などといった」は一般的な辞書では「な
ど」と「と」と「いう」と「た」という語に分けられている。しか
し、この文を読んだ学習者は「などといった」をそのまま辞書に入
力したため、見つからず、「などといった」の意味がわからなかった。

(17)　そうした人民元は2005年7月21日に，米ドルに対して前日
　　　比2.1%切り上げられ，1米ドル＝8.11人民元となり，以
　　　降，①ドルペッグを中止し，中長期的に通貨バスケット方式
　　　を参照しつつ，市場の情勢を見ながら，より柔軟かつ弾力的
　　　な管理フロート制に移行する，②毎営業日の取引終了後に決
　　　まる終値を翌日の中心レートにする，③日々の変動は，米ド
　　　ルに対して中心レートの上下0.3%の範囲を堅持する，<u>など
　　　といった</u>従来よりも人民元の市場変動幅を拡大させる方向で
　　　改革が進んでいくことになった(以下，この日のレート変化
　　　および，それに伴う制度変更をまとめて便宜的に「人民元改

革」と表現する）。 　　　　　　　　　　　　　　（金澤孝彰

「グローバリゼーション下の中国金融経済―人民元改革と外
貨準備増加からの考察（その1）」『経済理論』332, p. 54, 2006）

　わからない語を辞書で調べるときは、文の中から辞書に載ってい
る単位で語を切り出し、それを辞書に入力しなければならない。学
習者にとって、辞書に載っている単位で語を切り出すのは難しいこ
とがある。

6.2　使う辞書を選ぶ難しさ

　「使う辞書を選ぶ難しさ」というのは、調べたい語に合わせて使
う辞書を選ぶのが難しいということである。使う辞書を適切に選べ
ないと、調べたい語が見つからないことになる。
　調べたい語によっては、辞書ではなくインターネットで検索した
ほうがよいものもある。そのため、辞書を選ぶだけではなく、辞書
かインターネット検索かを選ぶことも含まれる。
　たとえば、次の(18)の「有意」は「統計的に偶然ではないと考え
られる」という意味である。「5%有意」は、「それが偶然である確率
は5%以下であり、偶然ではないと考えられる」ということである。
しかし、この文を読んで「有意」を辞書で調べた学習者は、「有意」
を「意義がある」という意味だと理解した。

(18)　図4と図5は，それぞれ江蘇省と浙江省の2008年の県別の外
　　　資工業企業数を用いたLISA Cluster Mapで5%有意で上記のパ
　　　ターンが認められた地域に色づけをして示している。（藤井
　　　大輔「中国の外資吸収政策の変化と長江デルタにおける外資
　　　企業の立地選択の動向」『中国経済研究』8 (1), p. 47, 2011）

　一般的な辞書には「有意」の意味として「意義がある」や「意志
がある」しか載っていないことがある。この文で使われている「有
意」は統計学の専門用語なので、専門用語が多く載っている辞書を

使ったりネットで検索したりする必要がある。

　このように、わからない語を調べるときには何で調べるかを選ぶ必要がある。何で調べるかを選ぶためには、調べたい語がどのような種類のものかを推測しなければならない。それは学習者にとって難しいことがある。

6.3 語義を選ぶ難しさ

　「語義を選ぶ難しさ」というのは、わからない語を辞書で調べるとき、表示された複数の語義の中から文脈に合う語義を選ぶのが難しいということである。文脈に合う語義を適切に選べないと、その語の意味を違う意味に理解することになる。

　たとえば、次の(19)の「についで」は「の次に」という意味である。しかし、この文を読んで「についで」を辞書で調べた学習者は、「についで」を「引き継ぐ」という意味だと理解した。

(19)　本稿では，全国第3位の流域人口，鶴見川についで一級河川
　　　の中で第2位の人口密度を持ち，人工水循環系の考慮した水
　　　関連施設と利用計画の変更による効果が大きいと考えられる
　　　荒川流域圏に着目し，それを包含する東京都区部と埼玉県全
　　　域の浄水施設121ヶ所，下水処理施設56ヶ所および上下水道
　　　管を評価対象とした。
　　　（牧誠也他「流域圏における水利用システムのライフサイクル
　　　環境影響の多面的評価」『水環境学会誌』36（3），p. 68, 2013）

　「ついで」には、「いっしょに別のことも行う機会」という「序で」の語義、「その次に」という「次いで」の語義、「引き継いで」という「継いで」の語義がある。この文で使われている「ついで」は「その次に」の意味であるが、この学習者は辞書に載っている語義の中から「引き継ぐ」の語義を選んだということである。

　ただ、「引き継ぐ」では文脈に合わないと考え、「鶴見川についで一級河川の中で第2位の人口密度を持ち」の意味を前後の文脈から

「鶴見川のあたりでこの川に頼って生活している人の中で第2位の人口密度を持つ」ということだろうと推測した。

　この学習者が文脈に合う語義を選べなかったのは、「一級河川の中で第2位の人口密度を持ち」の構造を適切に理解できていなかったからである。また、「全国第3位の流域人口，鶴見川について一級河川の中で第2位の人口密度を持ち」が「荒川流域圏」を修飾しているという構造を適切に理解できていなかったからでもある。

　辞書に表示された複数の語義の中から文脈に合う語義を選ぶためにはその文の構造や前後の文の意味を適切に理解している必要がある。それは学習者にとって難しいことがある。

7. まとめと今後の課題

　ここまでに述べたことをまとめると、(20)から(23)のようになる。

(20)　語の意味を理解する難しさ:「おしなべて」を「お」と「しなべて」の2語だと判断したり、「ストレージ」を「ストラテジー」と識別できなかったり、「手入れする」を「買い入れる」の意味だと推測したりするなど、語の意味を理解するのが難しい。

(21)　文の構造を理解する難しさ:「としている」のような文末のモダリティ的表現や、「〜は」「〜を」などが述語を修飾する述語修飾構造、「神の家の意味をもつヘンティウラ」のような名詞修飾構造、「や」や「、」による並列構造などを理解するのが難しい。

(22)　文脈や背景知識と関係づけて理解する難しさ:「それ」のような指示語が何を指しているのかを理解したり、文の意味を自分が持っている背景知識と適切に関係づけて理解したりするのが難しい。

(23)　辞書を使う難しさ：読んだ文の中から辞書に入力する語を切り出したり、その語を調べる辞書を選んだり、辞書に表示さ

れた複数の語義の中から文脈に合う語義を選んだりするのが
難しい。

　学習者が論文を読む難しさを扱った研究としては、漢字系学習者
を対象にした野田尚史(2014)や、藤原未雪(2016)、野田尚史
(2017)、藤原未雪(2017)、野田尚史・花田敦子・藤原未雪(2017)、
邵艶紅(2020)などがあり、非漢字系学習者を対象にした守時なぎ
さ(2020)などがある。また、学習者が辞書を使う難しさを扱った
研究としては、フメリャク寒川(2020)や野田尚史・村田裕美子・中
島晶子・白石実(2020)などがある。
　今後は、まだ研究が少ない非漢字系学習者を中心にさらに多くの
学習者を対象にした調査を進め、学習者が論文を読む難しさを詳し
く分析する必要がある。

（野田尚史）

調査資料

「日本語非母語話者の読解コーパス」, 野田尚史他, 2017– ［http://www.nodahisashi.
　　org/jsl-rikai/dokkai/］

参考文献

邵艶紅(2020)「漢字系上級学習者の読解困難点」野田尚史編『日本語学習者の
　　読解過程』pp. 83–100. ココ出版
野田尚史(2014)「上級日本語学習者が学術論文を読むときの方法と課題」『専門
　　日本語教育研究』16: pp. 9–14. 専門日本語教育学会［https://www.jstage.jst.
　　go.jp/article/jtje/16/0/16_9/_pdf］
野田尚史(2017)「中国語話者の日本語読解―調査方法と調査結果」『中国語話者
　　のための日本語教育研究』8: pp. 1–15. 日中言語文化出版社
野田尚史・花田敦子・藤原未雪(2017)「上級日本語学習者は学術論文をどのよう

に読み誤るか―中国語を母語とする大学院生の調査から」『日本語教育』167: pp. 15–30. 日本語教育学会［https://www.jstage.jst.go.jp/article/nihongokyoiku/167/0/167_15/_pdf/-char/ja］

野田尚史・村田裕美子・中島晶子・白石実(2020)「ヨーロッパの日本語学習者の読解における辞書使用の問題点とその指導」『ヨーロッパ日本語教育』24: pp. 185–202, ヨーロッパ日本語教師会［https://eaje.eu/pdfdownload/pdfdownload.php?index=202-219&filename=panel-noda-murata-nakajima-shirakishi.pdf&p=belgrade］

藤原未雪(2016)「中国語を母語とする上級日本語学習者が学術論文を読むときの困難点―名詞の意味の誤った理解を中心に」『日本語／日本語教育研究』7: pp.165–180. 日本語／日本語教育研究会［https://cocopb.com/download/2016_12_fujiwara.pdf］

藤原未雪(2017)「上級日本語学習者による学術論文の読解における語義の解釈過程」『一橋大学国際教育センター紀要』8: pp. 119–132. 一橋大学国際教育センター［https://doi.org/10.15057/28737］

フメリャク寒川，クリスティナ(2020)「日本語学習者の読解過程における辞書使用」野田尚史編『日本語学習者の読解過程』pp. 165–182. ココ出版

守時なぎさ(2020)「非漢字系上級学習者の読解困難点」野田尚史編『日本語学習者の読解過程』pp. 63–81. ココ出版

論文を読む教材の作成

1. 論文を読む教材の作成方針

　学術論文の冒頭には、論文の目的を述べるために先行研究について検討する部分がある。そのような先行研究の検討部分を読む際には、どの先行研究で何が明らかになっているのかという事実と、先行研究を論文の筆者がどのようにとらえているのかという筆者の評価や判断を正しく区別して読むことが大切である。しかし、それは日本語を読む能力が高い学習者でも容易ではない。たとえば野田尚史・花田敦子・藤原未雪(2017)は、漢字系の上級日本語学習者が論文を読むときの読み誤りの例として、「としている」が引用を示すことがわからないことを挙げている。

　引用と筆者の考えを区別して読むといった論文の読み方を学ぶための教材は、ほとんどないのが現状である。論文やレポートの書き方を学ぶ教材の中には、引用する場合はどのような表現を使うのか、自身の判断・評価を述べる場合はどのような表現を使うのかについて解説したものが多い。たとえば『大学生と留学生のための論文ワークブック』『新訂版　留学生のための論理的な文章の書き方』『大学で学ぶための日本語ライティング』といった教材である。これらの教材では、論文の書き手の立場で引用の表現、判断や評価を表す表現を学ぶことができるが、読み手として引用と筆者の考えを読み分けるにはどうすればよいかについては、学ぶことができない。

　では、先行研究からの引用部分がどこからどこまでかを特定し、筆者の考えと区別して読めるようになるための教材とはどのようなものだろうか。その作成方針は、(1)から(3)のようなものである。

(1)　引用部分がどこからどこまでかを特定するための知識と技術を提供する。具体的には、出典の示し方と引用終了部分を示す文末表現についての情報を提供する。

(2)　引用と筆者の考えを見分けるための知識と技術を提供する。具体的には、引用を示す文末表現と筆者の考えを示す文末表現には形が似ているものがあるので、見分けに注意が必要な表現についての情報を提供する。

(3)　引用と筆者の考えを見分けるために、引用を示す表現や筆者の考えを示す表現に関する知識、接続表現に関する知識を組み合わせて利用する練習を提供する。

　（1）については2.で、（2）については3.で、（3）については4.で詳しく述べる。

2. 引用部分を特定するための知識と技術

　引用には直接引用、間接引用の2つがあるが、二通信子（2009）が指摘するように、論文の引用にはその両方が含まれる。次の（4）が直接引用で、（5）から（9）が間接引用である。

(4)　田中（2001）は「温暖化が深刻化する」<u>としている</u>。
(5)　田中（2001）は温暖化が深刻化する<u>としている</u>。
(6)　田中（2001）によれば温暖化が深刻化する<u>という</u>。
(7)　田中（2001）は温暖化が深刻化することを<u>指摘している</u>。
(8)　温暖化が深刻化することが<u>示唆されている</u>（田中，2001）。
(9)　温暖化が深刻化する（田中，2001）。

　（4）から（6）の文末の「としている」「という」は、野田尚史・花田敦子・藤原未雪（2017）における「述語のモダリティ的表現」である。（7）の「指摘している」や（8）の「示唆されている」のような動詞も、引用を示すためによく使われる。ここでは、引用を示す（4）から

(8)の下線部分のような文末表現を「引用表現」と呼ぶことにする。

　引用表現や出典を手がかりに、引用部分がどこからどこまでかを特定するための知識と技術について、3つに分けて述べる。2.1は、(4)から(7)のように出典が引用開始部分に書かれている場合である。引用開始部分と終了部分の特定は容易だが、複数文に渡る引用に注意が必要である。2.2は、(8)のように出典が引用表現といっしょに引用終了部分に書かれている場合である。引用開始部分の特定が難しいが、引用表現と同じ文の中に引用が書かれているという手がかりが利用できる。2.3は、(9)のように引用表現がない場合である。引用開始部分に使われる特徴的な表現が引用部分の特定に利用できる。

2.1 出典が引用開始部分に書かれている場合

　出典は、(10)のような書き方で示されている。

(10)　(　　　)の中に年を表す4桁の数字があり、その前に論文の著者と思われる人名あるいは組織名があれば出典である。たとえば「田中(2001)」のような書き方である。

　(10)のような出典があればそこが引用の開始部分であり、そのあとに引用表現があれば、そこが引用の終了部分である。たとえば(11)では、「田中(2001)」から引用が開始され、引用表現「としている」で引用が終了する。

(11)　田中(2001)は温暖化が深刻化するとしている。

　教材では、覚える必要がある論文の引用表現として、次の(12)から(14)を示す。

(12)　指摘されている、指摘している、指摘した、と述べている
　　　明らかにしている、明らかにされている、明らかにした

示している、示されている、示した、論じている
　　　報告されている、報告している
(13)　という、と考えられている、示唆されている
(14)　としている、とされている、とされる、とする

　(12)は出現頻度が高い表現である。(13)は筆者の考えを示す表現と形が似ているものである。

　(14)は動詞「する」のバリエーションである。野田尚史・花田敦子・藤原未雪(2017)が指摘するように、動詞「する」が引用表現として使用されることは上級の学習者でも知らないことがある。

　また、(14)が文末ではなく文中で使われる際の連用形は、見落とされやすい。たとえば(15)は、「とする」の連用形「とし」が論文中で使われている例である。

(15)　Dweck, Chiu & Hong（1995）によれば，人間の特性(attributes)
　　　を固定的・実体的に見ているか，可塑的・増加的に見ている
　　　かは，他者に対する知覚や関係に影響する<u>とし</u>，複数の研究
　　　がこれを支持している（Chiu, Dweck & Tongほか，1997など）。
　　　　　　　　　　　　　　　　　（谷口智彦「救急救命士のコーチング行動に
　　　影響を与える先行要因—暗黙的特性観，受けた指導経験およ
　　　び経験学習の影響—」『経営行動科学』30（3），p. 154，2018）

　Dweck, Chiu & Hong（1995）からの引用は、「人間の特性」から「関係に影響する」までで、後半の「複数の研究がこれを支持している」は、Chiu, Dweck & Tongほか(1997)などからの引用である。このことを読みとり、Dweck, Chiu & Hong（1995）からの引用部分を特定するには、下線部分「とし」が引用表現「とする」の連用形だとわかることが必要である。そこで、教材では、「とし」のような連用形について(16)のような情報を提供するとよい。

(16)　引用を示す「としている」「とされている」「とされる」「とす
　　　る」は、文中で使われるときは「としており」「とされてお

り」「とされ」「とし」となる。

　一方、1つの出典に対して、引用表現が複数回使われることもある。たとえば(17)のようなものである。

(17)　宮木(2004: 14)は，インターネットで情報を検索したり，メールで気軽に友人や知人と連絡をとったりすることが可能な通信メディアの普及は「家に閉じこもりがちで人との交流が激減しやすい子育て中の母親の対人関係維持に大きく貢献している」とし，さらに気軽なコミュニケーション機会の増加は母親のストレスの軽減につながるとしている．
　　　　　　　　　　　　　　（岡村利恵「未就学児を持つ母親のIT機器利用と生活充実感」『家族社会学研究』29 (1), p. 10, 2017）

　宮木(2004)からの引用は、下線部分「とし」の前では終わらず、そのあとの下線部分「としている」の前まで続く。(17)のように複数の節、複数の文にわたって引用が続くことがあることも、引用表現を見落とさないための知識として提供する。
　このように、出典が引用開始部分に書かれている場合は、それに対応する引用表現があり、引用の開始部分と終了部分が明らかである。しかし、引用表現の中には「とし」のように見落としやすいものや、筆者の考えを示す表現との見分けに注意が必要なものがある。また、引用が2文以上続くことがあり、1つの出典に対して引用表現が1回しか使われないとは限らない。教材では、このような引用部分を特定するための知識を学習者に提供する必要がある。

2.2 引用終了部分に出典と引用表現が書かれる場合

　引用表現といっしょに文末に書かれる出典は、引用開始部分の出典とは異なり、著者名と公刊年が「(田中, 2001)」のように（　　　）の中にまとめて書かれている。(18)では出典「(Andaleeb, 1992; 山岸, 1998; 久保田, 2003)」が文末に書かれ、そのすぐ前に実線の下

線部分の引用表現「とされる」がある。

(18)　本研究では顧客の担当者に対する支援意識の第1の形成要因
　　　として，信頼を取り上げる。信頼は多義性を持つ概念である
　　　が，本研究では信頼を以下のように定義する。信頼には相手
　　　の能力に対する確信と，相手の意図に対する確信という2つ
　　　の意味が存在するとされる(Andaleeb, 1992; 山岸，1998; 久
　　　保田，2003)。

　　　　　　　　　　（玉置了「共感と信頼が顧客のサービス担当者に対
　　　する支援意識に及ぼす影響」『流通研究』21 (2), p. 33, 2018)

　(18)のように出典が(　　)の中にまとめられて引用表現といっ
しょに書かれている場合、そこが引用終了部分である。出典が引用
開始部分に書かれている場合と違って、引用がどこから始まるのか
を文の内容から判断する必要がある。
　たとえば(18)の引用部分は「信頼には相手の」から始まるが、そ
のことを示す明白な言語的な手がかりはない。そして、その前の波
線の下線部分が、Andaleeb (1992)、山岸(1998)および久保田
(2003)からの引用ではないことは、波線の下線部文中の「本研究
では」と「以下のように定義する」から読みとらなければならない。
　しかし、引用開始部分を特定するための明白な手がかりがないか
わりに、およそどのあたりに引用部分があるのかを特定するための
手がかりは存在する。それが(19)である。

(19)　(　　)の中にまとめて書かれた出典のすぐ前に引用表現があ
　　　れば、引用部分はその文の中にある。

　文末に出典と引用表現がいっしょに書かれている場合、引用開始
部分は、その文の中にある。(19)のルールを使えば、(18)の波線の
下線部分は引用部分に含まれず、引用部分は「信頼には相手の」か
ら始まる1文のみであるという判断を補強することができる。(19)
の手がかりは、そのような効率的な読み方を可能にする。

このように、引用終了部分に出典が引用表現といっしょに書かれている場合は、引用終了部分は明らかだが、引用開始部分は内容から判断する必要がある。そのため、引用部分のおよその場所が特定できる手がかりを提供すれば、論文を読む教材として有用である。

2.3　出典だけが書かれている場合

引用表現がなく、出典だけが（　　）の中にまとめて書かれていることがある。そのような場合は、そこが引用終了部分である。たとえば(20)のようなものである。

(20)　入札ルールが複雑であることから，すべての被験者にそれぞれのルールを理解してもらうことは困難である(Wertenbroch & Skiera, 2002)。　　　　　　　　　　　　　（西本章宏・勝又壮太郎「コンジョイントデザインを用いた消費者のWillingness to Pay測定方法の比較」『流通研究』21 (3), p. 18, 2018)

引用表現がなくても出典があれば、出典の前の部分は先行研究の引用である。その場合の引用は、筆者による先行研究の要約が多い。出典のみが書かれている引用は、(19)のルールがあてはまらないので、引用開始部分を特定するのがさらに難しい。しかし、引用が始まるところに特徴的な表現が使われていて、それを手がかりにすれば比較的容易に引用開始部分が特定できるものがある。

たとえば、専門用語とその定義が引用される場合、引用表現が使われず出典のみが書かれることが多い。専門用語の引用とは(21)のようなもので、文ではなく語のすぐ後に出典が書かれている。用語は「　」で囲まれていることが多い。(21)の「心理主義化」は森(2000)からの引用で、「心理学化」は樫村(2003)からの引用である。

(21)　社会学では，すでに心理学の社会的影響について，「心理主義化」(森 2000)や「心理学化」(樫村 2003)が論じられており，人間の行動が社会ではなく，心の働きから説明されるよ

うになったと指摘されている. （赤羽由起夫「脳
科学化する社会と少年観」『犯罪社会学研究』42, p. 19, 2017）

　このような専門用語の引用に関する知識は、(22)のようにまとめ
て提供する。

(22)　出典の直前が「　」のついた語の場合は、「　」の中の語は専
　　　門用語であり、それが直接引用されている。

　一方、定義の引用を読みとるための知識とは(23)のようなもの
で、(24)はその例である。

(23)　論文中の重要な概念の定義を先行研究から引用する場合は、
　　　引用終了部分に出典だけが書かれていることが多い。その引
　　　用開始部分は、「[定義される語] ＋とは」であることがほと
　　　んどである。
(24)　登校回避感情の規定因のひとつとして，愛着がとりあげられ
　　　ている。愛着とは，"危機的な状況に際して，あるいは潜在
　　　的な危機に備えて，特定の対象との近接を求め，またこれを
　　　維持しようとする個体(人間やその他の動物)の傾性"である
　　　(遠藤，2005)。 （﨑田亜紀穂・髙坂康雅「中学1
　　　年生における内的作業モデルが登校回避感情に及ぼす影響と
　　　学級機能との関連」『教育心理学研究』66 (4)，p. 276，2018）

　(24)では、「愛着とは」から「愛着」の定義が始まり、それを遠
藤(2005)から引用していることが容易に判断できる。
　用語やその定義以外に、複数の具体例の詳細を順番に引用する場
合も、文末に出典だけが書かれることが多い。たとえば(25)の下
線部分である。

(25)　この方法には，コンジョイントデザインを用いた2つのアプ
　　　ローチがある。1つは，提示された製品プロファイルすべて

について自身の選好に基づいて回答する方法(RBC: rating-based conjoint)である(Jedidi, Kohli, & DeSarbo,1996)。つまり，RBCは，コンジョイントデザインを用いた自由回答方式に相当する。もう1つは，提示された製品プロファイルの中から，自身の選好に基づいて，最も購入したいと思う製品プロファイルを1つ選択するという選択型コンジョイント方式(CBC: choice-based conjoint)である (Elrod, Louviere, & Davey, 1992)。

(西本章宏・勝又壮太郎「コンジョイントデザインを用いた消費者のWillingness to Pay測定方法の比較」『流通研究』21 (3), p. 17, 2018)

(25)の引用は2か所で、冒頭の「2つのアプローチ」の詳細である。それぞれの文頭の「1つは」「もう1つは」から、そこが引用開始部分だとわかる。このような知識は(26)のようにまとめられる。

(26)　複数の具体例を引用する場合、それぞれの引用開始部分に「1つは〜、もう1つは〜」「第1に〜、第2に〜」「1つ目は〜、2つ目は〜、3つ目は〜」「例えば」といった表現が使われる。

このように、文末に出典だけが書かれている場合は、文の内容から引用部分を特定しなければならないが、特徴的な文型や表現が使われて、引用開始部分が特定しやすいものがある。教材では、(22)や(23)(26)のような知識を、読むための手がかりとして提供する。

また、文中に出典だけが書かれている場合、出典のすぐ前に接続表現が含まれていることがあるので、引用部分の特定には注意が必要である。たとえば、(27)の「(守島, 2010)」からの引用である。

(27)　ただし，本論文の冒頭でも述べたように，組織内の学習内容が企業特殊的になる可能性があることを踏まえれば(守島, 2010)，キャリアの考え方や雇用区分に応じ，学習に対する向き合い方も異なりうる(蔡, 2010; 山本, 2014)。

(砂口文兵「学習志向性に対する変革型リーダーシップの影響

　下線部分「を踏まえれば」は接続表現である。守島(2010)からの引用部分は、「組織内の学習内容が企業特殊的になる可能性があること」で、「組織内の学習内容が企業特殊的になる可能性があることを踏まえる」ではない。教材ではこのことについて、(28)のような知識としてまとめる。

(28)　出典の直前が次の文に続けるための表現になっている場合、それらは引用には含まれない。接続表現には、「踏まえれば」「ことから」「にもかかわらず」などがある。

3. 筆者の考えを示す表現と引用表現の見分け

　筆者の考えか引用かを見分けるためには、筆者の考えを示す表現と引用表現の中で、形が似ていて見分けることが難しいものが何かを知る必要がある。(29)は、引用表現と筆者の考えを示す表現に同じ動詞が使われているので、注意が必要なものである。

(29)

引用表現	筆者の考えを示す表現
考えられている	考えられる、考える
示唆されている	示唆される、示唆する
という	といえる、と言える

　「考えられている」と「考えられる」、「示唆されている」と「示唆される」のように同じ動詞でアスペクトが違うだけのものがある。教材では、このような紛らわしい表現について、「ている」の形であれば引用表現であるといった見分け方を明示する。
　ところで、論文中に筆者の考えを示す表現と出典とがいっしょに書かれている場合がある。たとえば、(30)のような例である。

(30)　先にも述べた通り，計算課題のパフォーマンスは，制御焦点の両者で有利さに差はないことが示されている（e.g., Shah et al., 1998）。従って，第1課題のパフォーマンスは，促進焦点条件と防止焦点条件で差はないと<u>考えられる</u>。しかし，ストレス下では防止焦点のほうがストレスの影響を強く被ると<u>考えられる（Idson et al., 2000）</u>。　　　（外山美樹他「制御焦点がパフォーマンスに及ぼす影響―学習性無力感パラダイムを用いた実験的検討―」『教育心理学研究』66（4），p. 289，2018）

　実線の下線部分「考えられる（Idson et al., 2000）」は、出典「（Idson et al., 2000）」と筆者の考えを示す表現「考えられる」がいっしょに使われている。この場合、「考えられる」の前の「ストレス下では防止焦点のほうがストレスの影響を強く被る」は、筆者の考えなのだろうか。それとも Idson et al. (2000)からの引用だろうか。このような場合、どのように読むべきかについて、(31)のような知識を提供することができる。

(31)　研究仮説や研究目的の設定に至る過程では、筆者の考えを示す「考えられる」「いえる」などといっしょに出典が書かれることがある。それは、先行研究からの引用に対して筆者が同意見であるという自身の立場を示したものであり、筆者の判断とは言えても筆者が独自に導き出した考えではない。

　(31)にしたがうと、(30)の「ストレス下では防止焦点のほうがストレスの影響を強く被る」は、筆者が独自に導き出した考えではなく、Idson et al. (2000)からの引用に同意見であることを示したものである。それに対して、波線の下線部分「考えられる」には出典が併記されていない。文頭に接続詞「従って」があることから、この波線の下線部分「考えられる」は、筆者自身が導き出した考えを示していると解釈できる。このように、同じ「考えられる」でも異なった解釈をする必要がある。
　なお、波線の下線部分「考えられる」が筆者独自の考えであると

いう判断を強化する手がかりとなったのは、接続詞「従って」である。引用と筆者の考えを見分けるためには、文末表現に加えて接続表現も重要な手がかりとなる。このことは、次の4.で述べる。

4. 複数の知識を組み合わせて利用する練習

　引用と筆者の考えを見分け、それが書かれている部分を特定できるようになるためには、引用あるいは筆者の考えだけが書かれている文を読んで、それが引用なのか筆者の考えなのかを見分ける練習では不十分である。引用と筆者の考えの両方が書かれた複数文のまとまりを読んで、これまで述べてきたような知識を手がかりに引用と筆者の考えを見分ける練習が必要である。

　たとえば(32)では、引用と筆者の考えが交互に書かれており、それぞれがどこからどこまでかを正しく読みとらなければならない。

(32)　慰めは親密な相手との間で生じやすく(Fujisawa, Kutsukake, & Hasegawa, 2008; 加藤・大西・金澤・日野林・南, 2012)，互いの親密さを確認する機能や，さらに関係を深める機能があると<u>考えられる</u>。青年の多くは，友人をサポート源としており，友人に慰めといった情緒的サポートを期待している(Argyle & Henderson, 1984)。　　　　　　(小川翔大「青年期における親密な友人への効果的な慰め―テストの失敗場面に着目して―」『教育心理学研究』66 (2), p. 136, 2018)

　冒頭の「慰めは親密な相手との間で生じやすく」はFujisawa, Kutsukake, & Hasegawa (2008)などからの引用である。その後の「互いの親密さを」から「機能がある」までは筆者の考えで、「青年の多くは」から始まる2文目はArgyle & Henderson (1984)からの引用である。このように読むためには、1文目と2文目の出典がそれぞれの引用終了部分を示すことと、下線部分「考えられる」が筆者の考えを示す表現であるとわかることが重要である。

次の(33)では、引用を示す「考えられている」と筆者の考えを示す「考えられる」を見分けなければならない。

(33)　このエンパワーメント評価は，米国の学校改善運動の一環である学校促進プロジェクト（Accelerated Schools Project）の実践事例を発端として発展してきた（Fetterman,2001）。この事例では，プロジェクト実践過程から評価の計画，実施までに，プロジェクトに関わる人が参加した結果，関係者である教師，保護者，生徒，校長がエンパワーし，教育環境の改善が生じたと考えられている。そのため，学校評価にエンパワーメント評価を適用することは，学校関係者のエンパワーメントと教育改善に有効であると考えられる。　　（池田琴恵・池田満「エンパワーメント評価型学校評価の導入における校長の意識の変容過程」『教育心理学研究』66 (2), p. 164, 2018）

　実線の下線部分「考えられている」は引用を示す。引用元は文頭の「この事例」で、前文のFetterman (2001)からの引用部分に書かれている「実践事例」を指す。引用元が一般的な出典の書き方で示されていないので、出典があることを見落とす可能性があるかもしれない。そのため、実践の下線部分「考えられている」が引用表現であるとわかることは、引用と筆者の考えの見分けには重要である。一方、波線の下線部分「考えられる」は筆者の考えを示している。
　(33)の引用と筆者の考えを見分けるためには、二重線の下線部分の接続表現「そのため」も手がかりとなる。先行研究を受けて筆者が自身の考えを述べるときには、筆者の考えを述べる部分の最初に「そのため」や「ことから」などの接続表現が使われることが多い。したがって、「そのため」の前が引用ならば「そのため」の後には引用を根拠とする筆者の考えが書かれているという予測ができる。引用や筆者の考えを示す文末表現だけでなく、このような接続表現も引用と筆者の考えを見分ける手がかりとなる。
　(34)も接続表現が手がかりとして利用できる例である。(34)では、引用と筆者の考えが1文の中に書かれており、それぞれを特定

することが求められる。

(34)　ただしこれらの研究は、実験や調査で初めて遭遇する課題への反応を分析しており、日常的な衝動性との関連は必ずしも明確ではない。食の衝動性については、Hill, Prokosch, DelPriore, Griskevicius, & Kramer（2016）の研究があり、幼少期に裕福であった人は現在の空腹状態に応じて摂取量を調整できるのに対し、貧しかった人は現在の空腹状態にかかわらずたくさん摂取することを示しているが、この研究も提供された菓子を好きなだけ食べてよい状況の行動を分析しており、日常的な食行動を代表する程度は低いと考えられる。

　　　　　　　　　（豊沢純子・竹橋洋毅「割引食品に対する衝動性と生活史の関係」『社会心理学研究』34 (2), pp. 78–79, 2018）

　Hill, Prokosch, DelPriore, Griskevicius, & Kramer（2016）からの引用は、出典のすぐ後の「幼少期に」から実線の下線部分の引用表現「示している」の前の「摂取する」までである。筆者の意見は、「示している」の後から、波線の下線部分の筆者の考えを示す表現「考えらえる」の前までである。

　引用表現と筆者の考えを示す表現以外に、二重の下線部分の逆接の接続表現「が」と、それに続くコ系の指示語を含む「この研究」が手がかりになる。これらの表現は、先行研究への批判を表す場合に用いられることが多く、(34)では二重の下線部分「が」より前が先行研究の動向を示し、「が」の後は先行研究の不十分さを指摘している。つまり、「が」の前後で述べられる内容が変わることを手がかりに、引用と筆者の考えを特定することができる。このような逆接の接続表現に関する知識は、(35)のようにまとめられる。

(35)　「しかし」「しかしながら」「が」などの逆接の接続表現は、引用と筆者の考えの境界でよく使われる。たとえば、先行研究の引用のあとに逆接の接続表現が使われている場合、そこからあとは筆者の考えが述べられている可能性が高い。

このように、生の論文を素材として引用と筆者の考えとを見分け、それが書かれているところを特定する練習では、これまでに学んだ出典や引用表現、考えを示す表現に関する知識だけでなく、接続表現も手がかりとして利用できるようにしなければならない。

5. まとめ

これまで述べてきたように、先行研究からの引用部分がどこからどこまでかを特定し、筆者の考えと区別して読めるようになる教材を作成するためには、(36)から(38)の方針で作成すればよい。

(36) 引用部分を特定するための知識と技術を提供する。たとえば、引用終了部分を示す「とされる」「指摘されている」のような文末表現や、文中で使われる「とし」「とされ」といった見落としやすい表現を整理して示す。また、出典だけが文末に書かれている場合に引用開始部分を特定する手がかりとして、定義を示す「とは」や具体例を列挙するときに使われる「第1に」「第2に」のような特徴的な表現を整理して示す。

(37) 筆者の考えを引用と見分けるための知識と技術を提供する。具体的には、筆者の考えを示す文末表現と引用を示す文末表現との見分けに注意が必要なものについての情報である。たとえば、筆者の考えを示す「考えられる」と引用を示す「考えられている」のように、同じ動詞が使われアスペクトが異なるようなものを対応させて示す。

(38) 引用と筆者の考えを見分けるために、引用や考えを示す表現に関わる複数の知識を同時に利用する練習を提供する。文末表現と出典のほかに、接続表現も見分けの手がかりとして用いることができるようにする。

(桑原陽子・北浦百代・塩田寿美子)

調査資料

『大学生と留学生のための論文ワークブック』浜田麻里・平尾得子・由井紀久子,
　　くろしお出版, 1997
『大学で学ぶための日本語ライティング』佐々木瑞枝・細井和代・藤尾喜代子,
　　ジャパンタイムズ, 2006
『新訂版　留学生のための論理的な文章の書き方』二通信子・佐藤不二子, スリ
　　ーエーネットワーク, 2020

参考文献

野田尚史・花田敦子・藤原未雪(2017)「上級日本語学習者は学術論文をどのよ
　　うに読み誤るか―中国語を母語とする大学院生の調査から―」『日本語
　　教育』167: pp. 15–30. 日本語教育学会［https://www.jstage.jst.go.jp/ariticle/
　　nihongokyoiku/167/0/167_15/pdf/_char/ja］
二通信子(2009)「論文の引用に関する基礎的調査と引用モデルの試案」『アカデ
　　ミック・ジャパニーズ・ジャーナル』1: pp. 65–74. アカデミック・ジャパニ
　　ーズ・グループ研究会［http://academicjapanese.jp/dl/ajj/65-74-nitsu.pdf］

第6部

教材の
試用結果

漢字系学習者の教材試用結果

1. 漢字系学習者の教材試用調査の概要

　本書では、日本語学習者が実際に読む必要がある日本語や読みたいと思う日本語を読んで、その意味を理解できるようにするための教材の作成方法を示した。

　そのような方法で作成された教材として、ウェブ版日本語読解教材「日本語を読みたい！」がある。この教材は、現実的な状況を設定し、明確な目標を決めた上で、読解スキルを具体的に示して、そのスキルを習得できる練習を提供するものである。

　このような教材は従来の教材とは大きく違うため、学習者に試用してもらい、その教材が学習者に受け入れられるかどうか、受け入れられないとするとそれはなぜかを調査する必要がある。また、今後の教材の改善や新しい教材の作成のために、学習者がどのような教材を望んでいるのかも調査する必要がある。

　ここでは、日本語を学習する前から中国語などの漢字の意味を知っていた「漢字系学習者」にこの教材を試用してもらった調査の結果を、(1)から(6)に分けて述べる。

(1)　　教材の実用性についての評価
(2)　　教材の内容についての評価
(3)　　教材の使いやすさについての評価
(4)　　教材の練習方法についての要望
(5)　　教材の提示方法についての要望
(6)　　教材のテーマについての要望

この後、2.で教材試用調査の方法を述べた後、3.で学習者に試用してもらった教材について説明する。その後、調査結果の(1)から(6)をそれぞれ4.から9.で述べる。最後に、10.でまとめを行い、今後の課題を示す。

2. 教材試用調査の方法

教材試用調査は、(7)から(9)の方法で行った。

(7) 　学習者にパソコンやスマホを使ってウェブ版日本語読解教材「日本語を読みたい！」にアクセスしてもらい、「薬の袋」「レストランのクチコミ」「通商白書」の教材の中から1つか2つの教材を試用してもらう。

(8) 　学習者の母語で書かれた教材試用アンケートに学習者の母語で答えてもらう。

(9) 　アンケートの回答についてさらに詳しく知りたいときには、学習者の母語でインタビューを行い、学習者の母語で答えてもらう。

アンケートの回答方法は、項目によって、回答を選択肢から選んでもらう選択式のものと、回答を自由に書いてもらう記述式のものがある。

回答方法が選択式の質問は、選択肢が6つになっている。たとえば「この教材で学習するのは楽しかったですか」という質問に答えるための選択肢は、「とても楽しかった」「楽しかった」「どちらかと言えば楽しかった」「どちらかと言えばつまらなかった」「つまらなかった」「とてもつまらなかった」の6段階である。

回答方法が記述式の質問は、「この教材で改善してほしいことがあれば、なるべく具体的に書いてください」のようなものである。

調査は、中国の長春市と台湾の台南市で行った。調査に協力してもらったのは、4つの大学の大学生172名である。170名が1つの教

材を試用し、2名が2つの教材を試用した。「薬の袋」の教材を試用したのは84名、「レストランのクチコミ」の教材を試用したのは40名、「通商白書」の教材を試用したのは50名である。

　教材を試用した学習者の日本語のレベルは、初級レベルを中心に、日本語を学習した経験がないレベルから上級レベルまで、さまざまである。日本語学習未経験者が17名、日本語能力試験（JLPT）のN5レベルに達していない日本語学習者が34名、N5レベル相当が29名、N4レベル相当が67名、N3レベル相当が6名、N2レベル相当が16名、N1レベル相当が3名である。

　母語は全員、中国語である。この教材には日本語版と英語版、中国語版、韓国語版があるが、全員、簡体字の中国語版か繁体字の中国語版を使った。アンケートやインタビューの言語もすべて中国語であった。調査は2019年の5月から7月に行った。

3. 学習者に試用してもらった教材

　今回、学習者に試用してもらった教材は、（10）から（13）のような部分で構成されている。

（10）　目標
（11）　状況
（12）　スキル
（13）　練習

　たとえば「通商白書」を読む教材の中にある「ある品目の輸出入額増減寄与度を筆者がどうとらえているかを読みとる」という項目では、「目標」は（14）、「状況」は（15）のようになっている。

（14）　目標：ある品目が輸出入額の増減に寄与した程度を筆者がどうとらえているのかが読みとれるようになります。
（15）　状況：通商白書の日本の貿易動向について書かれた部分を読

んでいます。品目別の貿易動向について書かれた本文を読んで、ある品目が輸出入額の増減に寄与した程度を筆者がどうとらえているのかを読みとります。

　この項目の中には「スキル」が3つ示されているが、「「伸び悩」と「鈍化」から、寄与度の値が予想より低いことを読みとる」というスキルの説明は(16)のようになっている。

(16)　次の表現から、その品目の寄与度の値が予想より低いことを
　　　読みとります。
　　　　　■　伸び悩
　　　　　■　鈍化
　　　品目名の直後に書かれている寄与度の数値が0.00%に近く、
　　　その数値の後にこれらの表現があれば、その品目の寄与度の
　　　値が予想より低いという意味です。

　「練習」としては、(17)のような問題が示される。

(17)　この文には、中東向けの電気機器の寄与度は予想より低いと
　　　書かれていますか。
　　　　　輸出に関しては低調で、中東向けの電気機器(対前年比寄
　　　　　与度0.01%)や原料別製品(同0.00%)に伸びの鈍化が見ら
　　　　　れた。

　(17)の解答として「書かれている」という選択肢を選ぶと、「正解」と表示される。「書かれていない」という選択肢を選ぶと、「不正解」と表示され、(18)のような解説が示される。

(18)　「中東向けの電気機器」の数値の後に「鈍化」があります。

　中国語版の教材では、(16)の「伸び悩」「鈍化」と、(17)の「輸出に関しては」で始まる例文以外は、すべて中国語になっている。

4. 教材の実用性についての評価

　教材の実用性を評価してもらうために、「この教材は役に立つと思いますか」という質問に答えてもらった。その結果は図1のとおりである。

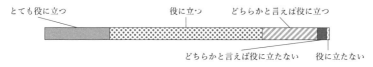

図1：教材の実用性についての評価

　「とても役立つ」「役に立つ」「どちらかと言えば役に立つ」という肯定的な回答が96％あった。特に「レストランのクチコミ」に対する評価が「薬の袋」「通商白書」よりやや高かった。「薬の袋」は長期間、日本に滞在しなければ読む必要はなく、また、「通商白書」は経済に関心がなければ読むことはない。それに対して、「レストランのクチコミ」はさまざまな人にとって読む価値があるからだと考えられる。

　教材の実用性については、(19)や(20)のようなコメントがあった。

(19)　内容が実際の生活に即したもので、生活で使うのに役立つ。
　　　　（「レストランのクチコミ」を試用した日本語学習未経験者）
(20)　学校の授業では勉強したことがないことばが学習できる。読解のスピードを上げるのにも役立つ。
　　　　（「通商白書」を試用したN4レベル相当の学習者）

　教材の実用性についての評価が高かった大きな要因は、実際に読むことがある文章を使い、実際に使われている語彙・文型・表記を使っていることだと考えられる。
　「この教材は、実際に書かれている日本語を使っています。この点についてどう思いますか」という質問に対しては、図2のように「とてもよい」「よい」「どちらかと言えばよい」という肯定的な回答

が99%あった。

図2：教材の真正性についての評価

　実際に書かれている日本語を使っているという教材の真正性については、(21)や(22)のようなコメントがあった。

(21)　スクリーンショットが使われていて、日本の本当の日常生活がわかるので、実用性が非常に高い。

　　　　　（「薬の袋」を試用したN5レベルに達していない学習者）

(22)　実際のものを使用しているところがよい。本当にそういうものに出会ったとき、すぐに対応できそうだ。

　　　　　　　　　（「白書」を試用したN3レベル相当の学習者）

　従来は、初級レベルでは生教材はほとんど使われていなかった。この教材では、日本語能力が高くない学習者でも生教材で学習できるようになっている。その点に対する評価が非常に高かった。

　このように、教材の実用性については、教材の真正性とともに、学習者から肯定的な評価が得られた。

5. 教材の内容についての評価

　教材の内容を評価してもらうために、「この教材で学習するのは楽しかったですか」という質問に答えてもらった。その結果は図3のとおりである。

図3：教材の楽しさについての評価

　「とても楽しかった」「楽しかった」「どちらかと言えば楽しかっ
た」という肯定的な回答が91%あった。3つの教材の中では、「レス
トランのクチコミ」に対する評価が相対的に高く、「通商白書」に対
する評価が相対的に低かった。「レストランのクチコミ」は身近で
あるのに対して、「通商白書」は専門的だからだと考えられる。
　教材の内容については、(23)や(24)のようなコメントがあった。

(23)　勉強してみて、難しくないし、時間もかからないし、けっこ
　　　う楽しかった。
　　　　　　　　（「薬の袋」を試用したN5レベルに達していない学習者）
(24)　教材の内容は日常生活に即したもので、おもしろく、普通
　　　の教材よりずっと魅力がある。　　　　　　　　（「レストラ
　　　ンのクチコミ」を試用したN5レベルに達していない学習者）

　また、「練習」の解答方法を評価してもらうために、「この教材は、
解答方法が2つの選択肢から1つを選ぶ方式です。この点について
どう思いますか」という質問に答えてもらった。その結果は図4の
とおりである。「とてもよい」「よい」「どちらかと言えばよい」とい
う肯定的な回答が92%あった。

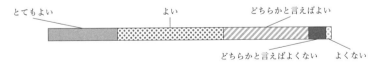

図4：2択の解答方法についての評価

　2択の解答方法については、(25)や(26)のようなコメントがあった。

(25) 二者択一の形式は何を練習するのかがはっきりしている。どちらを選ぶか迷うことがなく、勉強したスキルで解答すれば、正しく練習問題が解ける。自信もついたし、時間の節約にもなった。　　　　　　　　　　　　　　　（「レストランのクチコミ」を試用したN5レベルに達していない学習者）

(26) 二者択一の形式は難しさを下げるので、正解率が高くなる。正解率が高くなると、学習者は自信を持って勉強し続けられる。　　　　　（「通商白書」を試用したN4レベル相当の学習者）

　このように、教材の内容については学習者から肯定的な評価が得られた。

6. 教材の使いやすさについての評価

　教材の使いやすさとして、教材の多言語対応を評価してもらうために、「この教材は、解説が中国語で書かれています。この点についてどう思いますか」という質問に答えてもらった。その結果は図5のとおりである。「とてもよい」という回答が49%あり、「よい」と「どちらかと言えばよい」を加えた肯定的な回答が98%あった。

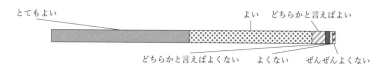

図5：教材の中国語対応についての評価

　中国語対応については、(27)や(28)のようなコメントがあった。

(27) 日本語以外の言語で説明されていて、初心者にはわかりやすい。　　　　　　　　　　　　　　　　　　　　　　　　（「レストランのクチコミ」を試用したN5レベル相当の学習者）

(28) 中国語の解説があるので、よくわからない分野でも、簡単に

勉強できる。

（「通商白書」を試用した N4 レベル相当の学習者）

　また、教材の使いやすさに関連して、「この教材は簡単でしたか」
という質問に答えてもらった。その結果は図5のとおりである。

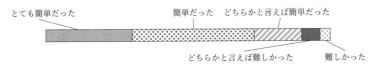

とても簡単だった　　　　　　　　簡単だった　どちらかと言えば簡単だった

　　　　　　　　　　　　　　どちらかと言えば難しかった　　　　難しかった

図6：教材の簡単さについての評価

　「とても簡単だった」「簡単だった」「どちらかと言えば簡単だっ
た」という回答が90％あった。3つの教材の中では、「とても簡単だ
った」「簡単だった」「どちらかと言えば簡単だった」という回答が
「薬の袋」に対して相対的に多く、「通商白書」に対して相対的に少
なかった。「薬の袋」は短い語句の意味を読みとる練習が多いのに
対して、「通商白書」は長い文の意味を読みとる練習が多いからだと
考えられる。

　教材の簡単さについては、(29)や(30)のようなコメントがあった。

(29)　この教材はそんなに難しくないので、初心者でも簡単に勉強
　　　できる。解説も練習問題の選択肢もはっきりしていて、とて
　　　もよいと思う。　（「薬の袋」を試用した日本語学習未経験者）
(30)　間違えても詳しい説明が付いているので、どこを間違えたの
　　　かが一目瞭然だ。
　　　（「レストランのクチコミ」を試用した N2 レベル相当の学習者）

　このように、教材の使いやすさについては学習者から肯定的な評
価が得られた。

7. 教材の練習方法についての要望

　学習者がこの教材に対してどのようなことを望んでいるかを調べるために、「この教材で改善してほしいことがあれば、なるべく具体的に書いてください」という質問に答えてもらった。その回答のうち教材の練習問題についての要望としては、数は多くないが、(31)と(32)のようなものが見られた。

(31)　練習の解答方法:「解答の選択肢を増やしてほしい」「穴埋め問題をつくってほしい」など
(32)　練習の難易度:「難易度を上げてほしい」「練習の数を減らしたほうがよい」など

　まず、(31)の「練習の解答方法」については、練習の解答を2択ではなく3択や4択に増やしてほしいという要望が少数あった。しかし、3択以上の解答方法は、学習者の能力を測るために一定数以上の不正解者が出るようにする「試験」で使われるものである。この教材は、説明を読んでスキルを身につければ練習では必ず正解できるように作られている。2択のほうが正解を簡単に確認でき、効率的に練習できると考える。
　また、「穴埋め問題をつくってほしい」という要望も少数あった。しかし、空欄に日本語を書く穴埋め問題は話したり書いたりする産出能力を高めるためのものである。読解教材では読んだ日本語の意味がわかるようになればよい。穴埋め問題は読解教材には必要ないと考える。
　次に、(32)の「練習の難易度」については、練習の難易度を上げてほしいという要望が少数あった。しかし、この教材は簡単な練習を数多く行うことによって読解能力を高められるように作られている。従来の読解教育ではこのような練習は行わずに、試験のような難しい問題を解くことが多かったので、そのイメージでこの要望が出てきたのだと考えられる。練習は試験ではないので、難易度は上げないほうがよいと考える。

また、「練習の数を減らしたほうがよい」という要望もあった。同じような練習問題が10問あるが、5問程度でよいということである。しかし、すべての練習問題に「次のスキルに進む」というボタンがついている。学習者が自分に必要な数の練習問題を行ったと思えば、いつでもその練習をやめて、次のスキルに進めるようになっている。

　このように、この教材の練習方法を変更する必要はないと考える。しかし、少数ではあっても、「練習の解答方法」や「練習の難易度」についてこのような要望があるのであれば、どうしてそうしないのかを含め、教材の基本的な方針や教材の使い方について十分な説明をする必要がある。

8. 教材の提示方法についての要望

　学習者がこの教材に対して望んでいることのうち、教材の提示方法についての要望としては、数は多くないが、(33)から(35)のようなものが見られた。

(33)　全文の解釈：「すべての日本語に翻訳をつけてほしい」「キーワード以外にも説明をつけてほしい」など
(34)　音声の提示：「音声をつけてほしい」「漢字にふりがなをつけてほしい」など
(35)　サイトのデザイン：「イラストを入れてほしい」「画面の色を変えられるようにしてほしい」など

　まず、(33)の「全文の解釈」については、読む対象である日本語全文に翻訳をつけてほしいという要望が少数あった。しかし、この教材ではそれぞれのスキルを使って何を読みとるのかを明確にしている。そして、すべてがわからなくても、必要な情報を読みとる能力を高められるようにしている。全文の翻訳をつけていないのは、すべてを理解する「精読」ではなく、必要な情報だけを速く読みとる読み方を身につけてほしいからである。

次に、(34)の「音声の提示」については、読んだ日本語の発音が
わかるように音声をつけたりふりがなをつけたりしてほしいという
要望が少数あった。しかし、読解では意味を理解できればよいだけ
であり、発音は必要ではない。従来の日本語教材では話しことばと
書きことばの区別を重視せず、読んだ文章を発音できるようにする
教育が行われていた。しかし、たとえば「薬の袋」の教材にある
「起床時」のような語句は、話すときには使わないほうがよい。「朝、
起きたとき」のように話さないと理解してもらいにくい。「話す」た
めの教材は、「読む」ための教材とは別に作成するのがよい。

　最後に、(35)の「サイトのデザイン」については、単調さをなく
すためや説明をわかりやすくするためにイラストを入れてほしいと
いう要望があった。この教材はネット環境が悪くても使えるように、
画像は必要最低限にし、できるだけ文字だけで示すようにしている。
実際、今回のアンケートでも「選択肢のボタンの反応が鈍く、何度
もクリックして次の問題に進むことが多い」という回答があった。
将来、世界中のネット環境がよくなったときには、イラストなどを
入れてサイトのデザインを魅力的にする必要がある。

　このように、将来的にサイトのデザインの変更は必要であるが、
この教材の提示方法を変更する必要はないと考える。しかし、少数
ではあっても、「全文の解釈」や「音声の提示」についてこのような
要望があるのであれば、どうしてそうしないのかを丁寧に説明する
必要がある。

9. 教材のテーマについての要望

　学習者がどんなテーマの教材を望んでいるかを調べるために、
「今後どのような読解教材があれば、使ってみたいですか」という
質問に答えてもらった。その回答として多かったのは、(36)から
(40)のようなものを扱った読解教材である。

(36)　日常生活：交通機関や店舗や施設での掲示、電化製品や化粧

品の説明書、商品や住宅についての評価情報など

(37)　観光・留学：観光地や交通機関の情報、マナーについての情報、留学についての情報など

(38)　日本文化：日本の料理、風俗、歴史、伝統文化、ファッションなど

(39)　創作された作品：マンガ、小説、ゲームなど

(40)　学術的な文章：科学技術や経済、教育、日中関係などの論文や読み物

　この結果は、野田尚史・穴井宰子・中島晶子・白石実・村田裕美子(2018)で示された「ヨーロッパの学習者が日本語で読みたいもの」と似ている。ただし、ヨーロッパの学習者とは違い、(41)や(42)はほとんどなかった。

(41)　情報：新聞、ニュース、日本人向けフリーペーパーなど

(42)　交流：友だちのFB（フェイスブック）、チャット、友だちからのメールなど

　それは、今回、調査に協力してもらった学習者は初級学習者が中心で、日本や日本語母語話者との接点がほとんどない人が多かったからだと考えられる。また、(41)や(42)のサイトやサービスの多くが中国で使えないことも影響していると考えられる。
　今回の調査で示された漢字系学習者が望む教材のテーマのうち、(39)のマンガや小説は著作権の問題で教材作成が難しいことが多い。しかし、それ以外のテーマはこれから積極的に作成していく必要がある。ただし、日本語以外の言語でも読めるものは優先せず、日本語でしか読めないものを扱う教材を優先するのがよい。

10. まとめと今後の課題

　ここまでに述べたことをまとめると、次のようになる。

本書で示された方法で作成された教材「日本語を読みたい！」に対する漢字系学習者の評価は、(43)から(45)のようなものであった。

(43)　教材の実用性：「生活に役立つ」「日本の本当の日常生活がわかる」といった肯定的な評価が多かった。

(44)　教材の内容：「難しくなくて、楽しかった」「2択なので、選択肢を読む負担が少ない」といった肯定的な評価が多かった。

(45)　教材の使いやすさ：「中国語の説明があってよい」「初心者でも簡単に勉強できる」といった肯定的な評価が多かった。

　一方、教材に対する学習者の要望は、少数ではあるが、(46)から(48)のようなものがあった。その要望に対しては次のように考える。

(46)　練習方法：「解答の選択肢を増やしてほしい」「難易度を上げてほしい」といった要望があったが、「試験」ではないので、2択のままにし、難易度も上げないほうがよいと考える。

(47)　提示方法：「すべてに翻訳をつけてほしい」「音声をつけてほしい」といった要望があったが、必要な情報だけを速く読みとる能力を高める教材としては現在のままでよいと考える。

(48)　テーマ：電化製品の説明書、観光地の情報、日本の料理、マンガ、科学技術の論文など、さまざまなテーマの教材の要望があった。今後、そのような教材を作成していく必要がある。

　日本語の読解教材を学習者に試用してもらって評価してもらう調査としては、野田岳人・渡辺史央(2003)や野田尚史・小西円・桑原陽子・穴井宰子・中島晶子・村田裕美子(2017)のように、アンケート調査によるものが多い。近藤真宣(2014)のように、読み速度や理解度の変化を調査したものもある。
　今後は、アンケートだけではなく、インタビューも積極的に行い、学習者が教材に対して感じていることをより詳しく聞き出す必要がある。そうすれば、その結果をもとに、教材をより使いやすく魅力

があるものに改善していくことができる。また、従来の教材とは大きく違う新しい教材に戸惑っている学習者に、教材の使い方をよりわかりやすく伝えられるようになる。

（野田尚史・王麗莉・蘇鈺甯）

調査資料

「日本語を読みたい!」, 野田尚史他, 2017– ［https://www.nihongo-tai.com/japanese/yomu/］

参考文献

近藤真宣(2014)「速読練習用WEB教材の短期試用報告―チャンク・リーディングの可能性」『拓殖大学日本語紀要』24: pp. 59–68. 拓殖大学国際部
野田岳人・渡辺史央(2003)「教材開発の実際―『日本語学習者のための読解教材専門書を読み解く』に関する一報告」『神戸大学留学生センター紀要』9: pp. 113–141. 神戸大学留学生センター
野田尚史・穴井宰子・中島晶子・白石実・村田裕美子(2018)「ヨーロッパの日本語学習者に有益な読解教育」『ヨーロッパ日本語教育』22: pp. 218–236. ヨーロッパ日本語教師会 ［https://eaje.eu/pdfdownload/pdfdownload.php?index=234-251&filename=panel-noda-anai-nakajima-shiraishi-murata.pdf&p=lisbon］
野田尚史・小西円・桑原陽子・穴井宰子・中島晶子・村田裕美子(2017)「実生活に役立つ初級日本語読解教材の作成と試用」『ヨーロッパ日本語教育』21: pp. 44–61. ヨーロッパ日本語教師会 ［http://eaje.eu/pdfdownload/pdfdownload.php?index=60-77&filename=panel-noda-konishi-kuwabara-anai-nakajima-murata.pdf&p=venezia］

非漢字系学習者の教材試用結果

1. 教材試用結果の概要

　第1部の「コミュニケーションのための日本語読解教材作成の基本方針」によって作成されたウェブ版日本語読解教材「日本語を読みたい!」がインターネット上に公開されている。「日本語を読みたい!」は、日本語学習者が読む必要がある、あるいは読みたいと思う文章を読んで、その意味を理解できるようにするために作成されている。また現実的な読解の状況を設定し、明確な目標を決めた上で、読解スキルを具体的に示して、そのスキルを習得できる練習を提供する教材である。

　このような教材は従来の教材とは大きく違うので、学習者に試用してもらい、その教材を学習者がどのように評価するかを調べるために調査を行った。この調査に協力してもらった学習者は、日本語を学習する前は中国語などの漢字の意味を知らなかった「非漢字系の学習者」である。試用してもらった教材は、「日本語を読みたい!」のサイトにある「薬の袋」「レストランのクチコミ」「通商白書」の3つの教材である。

　このうち「薬の袋」と「レストランのクチコミ」の試用は、2016年に実施されたが、英国、ドイツ、フランスでの調査だけでは、教材についての評価の全体像がよくわからないので、より多くの学習者から回答を得るために、米国、スペイン、日本でも調査を行った。

　ここでは、今回の調査で得られた回答に2016年の調査の回答を加えて集計した結果を述べる。英国、ドイツ・フランスの調査の結果は、野田尚史・小西円・桑原陽子・穴井宰子・中島晶子・村田裕美子(2017)に詳しく述べられている。

調査によって得られた回答を集計した結果を、次の(1)から(6)に分けて示す。

(1)　生の素材を使っていることについての評価
(2)　教材の実用性についての評価
(3)　解説が英語で書かれていることについての評価
(4)　練習についての評価
(5)　教材全体に対する意見
(6)　今後教材にしてほしいテーマ

　2.で調査方法について、3.で試用してもらった教材について述べた後、4.から9.で(1)から(6)についてそれぞれ詳しく述べ、最後に10.でまとめを行う。

2. 調査方法

　教材試用の調査は、(7)と(8)の方法で行った。

(7)　学習者にパソコンやスマホからウェブ版日本語読解教材「日本語を読みたい！」にアクセスしてもらい、「薬の袋」「レストランのクチコミ」「通商白書」の教材を試用してもらう。
(8)　「薬の袋」「レストランのクチコミ」「通商白書」のそれぞれの教材について、学習者の母語で書かれた「教材試用アンケート」に学習者の母語で記入してもらう。

　アンケートでは、学習者に各項目について、「とてもよい」「よい」「どちらかと言えばよい」「どちらかと言えばよくない」「よくない」「ぜんぜんよくない」のような6段階評定で教材に対する評価を答えてもらう。また、自由記述欄を設け、教材に対する意見や要望について自由に書いてもらう。
　試用調査の協力者は、主に大学で日本語を学習している非漢字系

の学習者である。協力者数は米国在住が37名、スペイン在住が30名、日本在住が15名、英国在住が30名、ドイツ在住が30名、フランス在住が30名の合計172名である。教材を試用した学習者の日本語のレベルは初級レベルと中級レベルである。「薬の袋」と「レストランのクチコミ」を試用してもらった初級レベルの学習者が109名、「通商白書」を試用してもらった中級レベルの学習者が63名である。

　学習者に提出してもらった背景調査票によると、「薬の袋」と「レストランのクチコミ」を試用してもらった学習者が読める漢字数は、100字から200字程度が大半を占める。「通商白書」を試用してもらった学習者が読める漢字数は、100字から2000字までさまざまである。100字から500字が約20%、500字から1000字が約25%、1000字から1500字が約50%と最も多く、1500字から2000字と答えた学習者は約5%となっている。

　学習者の母語は、主に英語、ドイツ語、フランス語、スペイン語であるが、学習者の多くは英語版の教材を使った。

3. 試用してもらった教材

　調査で試用してもらった教材の概要は(9)から(11)のとおりである。

(9)　薬の袋：薬局で受けとった薬の袋を見て、薬を1日に何回飲むか、いつ飲むか、1回にどのくらい飲むか、何日分の薬が入っているかを読みとる。

(10)　レストランのクチコミ：バイキングレストランのクチコミを見て、デザートがおいしいかどうか、デザートの種類が多いかどうか、デザートについて全体的な評価が高いかどうかを読みとる。

(11)　通商白書：通商白書の日本の貿易動向について書かれた部分にある「貿易相手国・地域別の輸出入額増減寄与度」の図表を見て、日本の輸出入額の増減に高い寄与度を持つ国・地域

はどこで、何の品目なのかを読みとる。また日本の貿易動向について書かれた本文を読んで、ある品目が輸出入額の増減に寄与した程度を筆者がどうとらえているかを読みとる。

　すべての教材は、目標、状況、スキル、練習の4つの部分で構成されている。たとえば「薬の袋」の教材の中にある「薬を1日に何回飲むかを読みとる」という項目では、「目標」は(12)、「状況」は(13)のようになっている。

(12)　目標：病院に行った後、薬局で受けとった袋を見て、薬を1日に何回飲むかを読みとれるようになります。

(13)　状況：病院に行った後、薬局で次のような袋に入った薬を受けとりました。袋には、薬の飲み方の説明が書かれています。薬を1日に何回飲むかを読みとります。

　「スキル」の説明は(14)のようになっている。「1日」と「回」の部分がハイライトされていて、その間の数字を読みとればよいことが示されている。

(14)　次の表現から薬を1日に何回飲むかを読みとります。
　　　　　1日1回
　　　　　1日2回
　　　　　1日3回
　　　　「1日」と「回」の間の数字が1日に飲む回数です。

　「練習」としては、(15)のようなものが示される。

(15)　薬を1日に何回飲みますか。
　　　　1　1回
　　　　2　2回

```
李　華　　様　のお薬
                                    6日分
1日2回
錠剤　1回1錠
朝食後と夕食後に服用してください。
```

　この練習で「2回」という選択肢を選ぶと、「正解」と表示される。「1回」という選択肢を選ぶと、「不正解」と表示され、(16)のような解説が示される。

(16)　薬を1日に何回飲むかは、「1日」と「回」の間に数字で書かれています。

　英語版の教材では、(14)の「1日」と「回」、(15)の薬の袋は日本語で示されるが、それ以外はすべて英語になっている。

4. 生の素材を使っていることについての評価

　この教材が生の素材を使っていることについて評価してもらうために、「教材に生の素材を使っている点についてどう思うか」という質問に答えてもらった。その回答結果は表1のとおりである。「とてもよい」「よい」「どちらかと言えばよい」という肯定的な回答が100%近くを占めた。

表1：生の素材を使っていることについての回答結果

とても よい	よい	どちらかと 言えばよい	どちらかと 言えばよくない	よく ない	ぜんぜん よくない
57%	35%	6%	1%	1%	0%

「薬の袋」「レストランのクチコミ」「通商白書」の教材について、それぞれ(17)から(19)のように、教材に生の素材を使っていることに肯定的なコメントが得られた。

(17) 教科書ではなく、薬の袋のように実際に日本で使われている素材を使って勉強するのがいい。

(18) この教材は、クチコミで満足度を表すさまざまな表現が実際にどのように使われているか、フォーマルまたはインフォーマルな言い方にはどんな表現があるかがわかるのでとてもいい。

(19) 通商白書のような専門の世界で実際に使われている内容が読めるからいい。

この教材は、薬の袋、レストランのクチコミ、通商白書などにどのような表現が使われていて、どの表現の出現頻度が高いかという調査に基づいて作成されている。また、薬の袋を見て、いつ薬を飲むかを読みとるというような、実際の生活でありえる読解の状況と目標があり、その目標を達成するために必要な読解のスキルが提示されている。このような方針で作られた教材が高く評価されたと言える。

5. 教材の実用性についての評価

この教材の実用性について評価してもらうために、「この教材が役に立つと思うか」という質問に答えてもらった。その回答結果は

表2：教材が役に立つかどうかについての回答結果

とても役に立つ	役に立つ	どちらかと言えば役に立つ	どちらかと言えば役に立たない	役に立たない	ぜんぜん役に立たない
27%	37%	28%	7%	1%	1%

表2のとおりである。「とても役に立つ」「役に立つ」「どちらかと言えば役に立つ」という肯定的な回答が90%以上を占めた。

　教材が役に立つと回答した学習者からは、(20)や(21)のように、自分の生活で教材の状況設定と同じような状況に遭遇する可能性があり、そのときに役に立つというコメントが得られた。また、(22)のように、この教材は教材に出てきた新しい語彙を覚えるのに役立つというコメントもあった。

(20)　薬の袋は日本にいれば読む必要があるので、薬の袋を読めることは大切で役に立つ。将来日本に行って薬の袋をもらったときにこのスキルを使うかもしれない。

(21)　レストランのクチコミは、どういう状況でどのような日本語が使われているかがわかるので、実際の生活で使える。

(22)　練習を積み重ねていく方法は、新しい語彙を覚えるのに役に立つ。

　学習者の多くは、教材で学習することが自分の実生活と密接に関連していることに興味を持つ。学習者のニーズは多様化しているので、教材もそのニーズに合うように多種多様なものが必要である。この教材は、日本語学習者が読みたい教材を選び、そこに書かれていることを理解できるようにすることを目指している。今後、さまざまな分野の教材を開発して、学習者の多様なニーズに対応できるようにすることが重要である。

6. 解説が英語で書かれていることについての評価

　この教材は、日本語、英語、簡体字の中国語、繁体字の中国語、韓国語で書かれている。学習者は、好きな言語のページを選ぶことができ、ある言語のページから他の言語のページに移動することも可能である。調査に協力してもらった学習者の多くは英語版の教材を使ったが、日本語版を使った学習者もいた。解説が英語で書かれ

ていることについて評価してもらうため、「この教材の解説が英語
で書かれていることについてどう思うか」という質問に答えてもら
った。その回答結果は表3のとおりである。「とてもよい」「よい」
「どちらかと言えばよい」という肯定的な回答が90%以上を占めた。

表3：解説が英語で書かれた教材についての回答結果

とても よい	よい	どちらかと 言えばよい	どちらかと 言えばよくない	よく ない	ぜんぜん よくない
35%	39%	18%	5%	2%	1%

　(23)から(25)のように、英語で書かれた解説などを読んで理解
が深まったというコメントが得られた。

(23)　解説や指示文が英語で書かれているので、何をするのかわか
　　　りやすかった。
(24)　不正解のとき解説が英語で書かれていたので、どうして間違
　　　ったかがよく理解できた。
(25)　日本語版でするのがいい練習になると思ったが、日本語で読
　　　んでもわからないときに英語の解説が読めると便利だと思う。

　この教材で学習するスキルについての解説、なぜ不正解なのかと
いう解説などを学習者に理解してもらうためには、学習者が理解で
きる言語で書く必要がある。現在この教材は日本語のほかに英語、
中国語、韓国語に対応しているが、さらに多くの言語に対応した教
材にすることが重要だと言える。

7. 練習についての評価

　この教材の練習について評価してもらうために、「練習の解答方
法が2択であることについてどう思うか」という質問に答えてもら
った。その回答結果は表4のとおりである。「とてもよい」「よい」

「どちらかと言えばよい」という肯定的な回答が85%を占めた。

表4：教材の解答方法についての回答結果

とても よい	よい	どちらかと 言えばよい	どちらかと 言えばよくない	よく ない	ぜんぜん よくない
21%	38%	26%	11%	3%	1%

　2択の解答方法に肯定的なコメントには、(26)から(28)のような
ものがあった。

(26)　質問の答えを選ぶと正解か不正解が出て、不正解ならもう一
　　　度やるかそのまま続けるかを選択できるのがいい。

(27)　解答が2つに1つなので、文を読むときにその質問について
　　　集中して読めばよく、求められている答えが選びやすい。

(28)　2択の練習は、早く答えられるし、オンラインの教材である
　　　性質上どんな端末からでも楽に答えられる。

　この解答方法に否定的なコメントとしては、2つの選択肢では簡
単すぎるから選択肢の数を増やしたほうがいいというものがあった。
しかし、この教材の練習は学習したスキルが理解できているかどう
かをチェックするためのものなので、単純な解答形式の方がそのチ
ェックがしやすい。また、(28)のコメントのように、どんな端末機
器でも見やすくわかりやすいウェブ教材であるためには、2択のよ
うな単純な解答方法が適していると思われる。

8. 教材全体に対する意見

　教材全体に対する意見については、(29)と(30)の2つを取りあ
げる。

(29)　教材でよいと思った点

（30）　教材で改善してほしい点

　（29）については8.1で、（30）については8.2で詳しく述べる。

8.1 教材でよいと思った点

　学習者にこの教材のどんなところが受け入れられたかを調べるために、「この教材でよいと思ったことがあれば、具体的に書いてください」という質問に答えてもらった。生の素材の教材であること、斬新で感覚的、シンプルで実用的だという意見のほかに、教材全体の構成や学習のしやすさに言及したものが多く見られた。具体的には（31）から（34）のような意見である。

（31）　感覚的な教材で、簡単にアクセスできて使いやすく、わかりやすい。目的も明確でよい。
（32）　要領よくまとまった解説が練習の初めにあるだけでなく、練習を導く役割を果たしていて、学習しやすい。
（33）　各練習の終わりにまとめがあるのは非常にいい。学習したことの全体が見えるし、復習にもなる。覚えた知識を応用して自分ひとりで試せる。
（34）　全部の文を読まなくても、必要な情報をスキャンすれば読みとれるようになっているのがよい。時間の節約になる。

　このようにシンプルで練習しやすい構成である点は、3つの教材を試用した学習者に共通した意見であると言える。ほかには（35）から（38）のように、練習していく段階でスキルが身についていくのが実感できたという感想があった。

（35）　練習を進めていくにつれて、だんだん上達していくのが自分でもわかって楽しい。
（36）　私はまだ上級のレベルでもないのに、ついていきやすかった。漢字の恐怖心を取りのぞいてくれて、意外と覚えやすかった。

(37) ポイントを押さえて読む練習なので、長い文章でも読むのが
　　　早くなった。飽きない。
(38) 初めは読めそうにないと思った「通商白書」が読みきれたこ
　　　とに自分でも驚いている。

　このような感想から、初級レベルの学習者にも中級レベルの学習
者にも、練習の成果が実感できる教材であると捉えられていること
がわかる。

8.2 教材で改善してほしい点

　学習者がこの教材に対してどのようなことを望んでいるかを調べ
るために、「この教材で改善してほしいことがあれば、なるべく具
体的に書いてください」という質問に答えてもらった。その回答の
うち、ふりがなをつけてほしいという要望が多く見られた。初級レ
ベルの学習者の約60%、中級レベルの学習者の約30%がふりがなを
つけてほしいと回答した。非漢字系の学習者にとって、漢字の読み
方を知るということは、重要な関心事であることを示している。具
体的には(39)や(40)のような要望である。

(39) 漢字の難しいものは、ふりがながあった方が理解しやすいし、
　　　その漢字を覚えるのにいい。
(40) 最初の解説のところで、覚えなければならない語彙の漢字に、
　　　せめて1度でよいからふりがなをつけてほしい。そうすれば
　　　練習をしている間、文中のそれらの語彙が読める。

　このような要望から、非漢字系学習者は漢字の読み方がわからな
いと、漢字の意味を理解することも覚えることも難しいと考えてい
ると言える。通常の読解授業では漢字の意味と読み方をいっしょに
覚えることが多く、この教材のような読解の練習方法になじみがな
いからだと考えられる。実際に読まれている日本語には、ふりがな
はついていない。試用してもらった教材は、漢字の読み方がわから

なくても、情報を読みとる能力がつくように構成されている。読解というのは文字で書かれた日本語の意味を理解することであり、漢字を音声化できるかどうかの問題は、読解には含まれない。学習者にこの教材の目的をわかりやすく説明する必要がある。

9. 今後教材にしてほしいテーマ

　学習者がどんなテーマの教材を望んでいるかを調べるために、「今後どのような読解教材があれば、使ってみたいですか」という質問に答えてもらった。

　その回答として多く見られたのは、実生活に即したもので役に立つものが読みたいという要望である。

　調査によると、「薬の袋」や「レストランのクチコミ」は日常生活に役に立つ教材であるという高い評価が得られている。そして、学習者は、これらの教材に続くものとして、(41)から(43)のように実生活と密接に関連しているもので、実際にそれが読めると役に立つような教材が増えることを要望している。

(41)　外国人が日本で生活するのに日常読まなければならないものがいいと思う。たとえば住宅の賃貸契約書、臨時雇用契約書や一般的な労働基準、口座開設や住民登録、健康保険など必要な手続きの書類などが読めるといい。

(42)　日常的なテーマがいい。たとえば交通機関の使い方の説明書、空港や駅で目にする提示など。地震や気象情報用語なども読めるようになりたい。

(43)　食品成分表やアレルギーに関する説明文や医薬品の説明書など日常生活で使用されるもの。小さい文字で書かれた注意書きなども読めるようになりたい。

　このように、日本の日常生活で必要とされるもので、読めないと困る読み物は、教材を作成する上で優先度が高いと考える。

次に多かった要望は、ニュースや社会問題について読んでみたいというものである。具体的には(44)から(46)のようなものである。

(44)　日本の社会で問題となっているテーマを読んでみたい。たとえば、ネットカフェ難民などについて。

(45)　政治や国際問題など、時事問題に関するものがいい。一目で見出しを理解したり、ニュースの要点をこの教材のようにスキャンして読みとったりする練習をやってみたい。

(46)　環境問題やジェンダー問題など、英語から直接カタカナになっていたり、熟語になっていたりしている専門用語もまじえて、キーワードを学びながら知識が得られるといい。

　調査によると、「通商白書」のように教材に生の素材が使われていることは高い評価を得ている。学習者は、「通商白書」に続くものとして、社会問題をテーマにした教材が増えることを要望している。回答の(45)や(46)には、試用で学習したスキルを使って、日本語で国際問題や社会問題などを理解したいと要望していることが表れている。ただし、教材を作成する上で留意しておかなければならないのは、日本語以外の言語でも読めるものは優先せず、日本語でしか読めないものを優先するようにすることである。
　ほかには、マンガ、ゲーム、ファッション、スポーツ、旅行など趣味に関するテーマや、フェイスブックやチャットなど交流に関するテーマが挙げられた。「日本をもっと知りたい、深く勉強したい」と希望する学習者からは、日本の歴史や伝記、小説、マナー、日本料理などの文化がわかるような読み物、そして、法律、経済、科学技術などの専門的な学術書といった読み物が挙げられた。
　このように学習者は広い範囲の多様なテーマの教材を要望している。今後、さまざまな分野の教材を開発して、学習者の多様なニーズに対応できるようにすることが重要である。

10. まとめ

　ウェブ版日本語読解教材「日本語を読みたい！」に公開されている教材「薬の袋」、「レストランのクチコミ」、「通商白書」を非漢字系学習者に試用してもらい、教材に対する評価の調査を行った。調査の結果をまとめると、(47)から(52)のようになる。

(47)　生の素材を使った教材には、実際に読むことがある文章が使われ、実際に読まれている語彙、文型、表記が使われている。学習者が現実の生活で読む可能性がある文章が理解できるようにするために作成されている教材の方針が高く評価された。

(48)　教材の実用性については、日本での生活に対応できる言語能力や知識が身につくという実用的な点と、繰り返しで無理なく覚えられる効率の良い練習方法が高く評価された。

(49)　教材の解説や指示文が英語で書かれていることは、練習の助けになると高い評価が得られた。将来的には多くの言語に対応した教材にすることが重要であろう。

(50)　練習の2択の解答方法は、シンプルで答えが選びやすいと肯定的な評価が得られた。選択肢を増やした方がいいという提案もあったが、この教材の練習は学習したスキルが理解できているかどうかをチェックするためのものなので、単純な解答形式の方が適している。

(51)　教材全体としては、練習の目的が明確で、成果が実感できる練習の構成が高く評価された。改善点としてふりがなの要望があったが、漢字の読み方がわからなくても、情報を読みとる能力がつくように構成されていることを学習者にわかりやすく伝える必要がある。

(52)　教材化してほしいテーマとしては、実生活に即したテーマが提案された。学習者の多様化したニーズに対応できるようなテーマを検討する必要がある。

　試用調査の結果から、この教材の目的と方針は積極的に受け入れ

られ、その構成や内容が高く評価されたことが明らかになった。今後は多様なテーマの教材を作成していく必要がある。

（白石実・山口美佳）

付記

　教材の試用調査では、任ジェヒさん、加藤陽子さんの協力を得た。記して感謝申し上げます。

調査資料

「日本語を読みたい！」, 野田尚史他, 2017– ［https://www.nihongo-tai.com/japanese/yomu/］

参考文献

野田尚史・小西円・桑原陽子・穴井宰子・中島晶子・村田裕美子 (2017)「実生活に役立つ初級日本語読解教材の作成と試用」『ヨーロッパ日本語教育』21: pp. 44–61. ヨーロッパ日本語教師会 ［http://eaje.eu/pdfdownload/pdf-download.php?index=60-77&filename=panel-noda-konishi-kuwabara-anai-naka-jima-murata.pdf&p=venezia］

あとがき

　現在の読解教育で行っていることは、水泳で言えば、泳げない人を海に投げ込んで、「手足を動かして泳いでみなさい。いつの間にか泳げるようになるから」と言っているだけのように感じます。
　今の時代、スイミングスクールに行くと、どうすれば水に慣れることができるか、息継ぎやバタ足はどうすればよいかといったことを具体的に教えてもらえ、練習メニューも揃っています。それに従って練習すれば、だれでも泳げるようになるはずです。
　読解教材も、読んだ日本語からどのように意味を理解したらよいかを具体的に教えてもらえ、そのための練習メニューが揃っているものにしなければと思い、本書を編集しました。　　　　　（野田尚史）

　読んだ日本語からどのように意味を理解したらよいかが具体的に学べる教材の作成に、たくさんの人といっしょに長い時間をかけて取り組んできました。教材を1つ作るだけでも時間と労力がずいぶんかかりました。教材のアイディアを形にするのは簡単なことではありませんが、ガイドがあれば右往左往せずにすむはずです。本書はそのようなガイドとなることを目指しました。「この考え方に従って作った教材を使えば、だれでも何でも読めるようになる」ことを実感したければ、かなりの量の教材を揃える必要があります。本書を読んでくださった方が、次の新しい教材を作り始めてくださることで、それが実現することを願っています。　　　　　（桑原陽子）

　本書の原稿は、10回以上書き直してもらったものが多くあります。コメントをつける編者も書き直す執筆者も大変でしたが、そのおかげでわかりやすいものになっているはずです。
　本書は国立国語研究所共同研究プロジェクト「日本語学習者のコミュニケーションの多角的解明」の成果です。本書の編集と出版では、ひつじ書房の松本功さんと丹野あゆみさんにたいへんお世話になりました。　　　　　（野田尚史・桑原陽子）

編者紹介(2022年10月現在)

野田尚史(のだ ひさし)

日本大学文理学部教授。1956年、金沢市生まれ。大阪外国語大学イスパニア語学科卒業、同大学大学院修士課程日本語学専攻修了。博士(言語学)。大阪外国語大学助手、筑波大学講師、大阪府立大学助教授・教授、国立国語研究所教授を経て、現職。著書に『日本語学習者の読解過程』(編著、ココ出版、2020年)、『日本語コミュニケーションのための聴解教材の作成』(共編著、ひつじ書房、2022年)などがある。

桑原陽子(くわばら ようこ)

福井大学語学センター准教授。1967年、愛媛県生まれ。筑波大学第二学群日本語・日本文化学類卒業、広島大学大学院教育学研究科日本語教育学専攻博士課程前期・日本言語文化教育学専攻博士課程後期修了。博士(学術)。台中技術学院助理教授などを経て、現職。論文に「日本語学習者の読解過程の縦断的研究」(『日本語学習者の読解過程』ココ出版、2020年)などがある。

執筆者紹介(2022年10月現在)

任ジェヒ(いむ じぇひ)　　　立教大学日本語教育センター教育講師
王麗莉(おう れいり)　　　　長春師範大学(中国)外国語学院准教授
加藤陽子(かとう ようこ)　　アメリカ・カナダ大学連合日本研究センター講師
北浦百代(きたうら ももよ)　ジャパン・ソサエティ(米国)講師
桑原陽子(くわばら ようこ)　福井大学語学センター准教授
小西円(こにし まどか)　　　東京学芸大学留学生センター准教授
塩田寿美子(しおた すみこ)　東亜大学芸術学部准教授
白石実(しらいし みのる)　　バルセロナ自治大学(スペイン)東アジア研究所研究員
蘇鈺甯(そ ゆにん)　　　　　長栄大学(台湾)人文社会学部准教授
中島晶子(なかじま あきこ)　パリ・シテ大学(フランス)人文社会科学部准教授
野田尚史(のだ ひさし)　　　日本大学文理学部教授
松下光宏(まつした みつひろ)神戸医療未来大学人間社会学部教授
山口美佳(やまぐち みか)　　イェール大学(米国)東アジア言語文学科講師
山本晃彦(やまもと あきひこ)鈴鹿大学国際地域学部助教
吉本由美(よしもと ゆみ)　　叡啓大学ソーシャルシステムデザイン学部非常勤講師

日本語コミュニケーションのための読解教材の作成

How to Create Reading Materials for Japanese Communication

Edited by Hisashi NODA and Yoko KUWABARA

発行	2022 年 11 月 16 日　初版 1 刷
定価	3200 円＋税
編者	© 野田尚史・桑原陽子
発行者	松本功
ブックデザイン	杉下城司
印刷・製本所	株式会社 シナノ
発行所	株式会社 ひつじ書房
	〒 112-0011 東京都文京区千石 2-1-2 大和ビル 2 階
	Tel: 03-5319-4916　Fax: 03-5319-4917
	郵便振替 00120-8-142852
	toiawase@hituzi.co.jp　https://www.hituzi.co.jp/

ISBN978-4-8234-1121-2

日本語コミュニケーションのための聴解教材の作成
野田尚史・中尾有岐編　定価3,200円＋税

日本語学習者向けの聴解教材の作成方法を解説する。実際に聞く必要がある日本語を分析し、学習者が聴解で難しい点を調査した上で、コミュニケーションに役立つ聴解教材をどのように作成すればよいかを提案する。例として取り上げるのは「飲食店スタッフの発話を聞く教材」「雑談を聞く教材」「講義を聞く教材」「会議の発話を聞く教材」である。国語教育にも有益。執筆者：久保輝幸、阪上彩子、島津浩美、首藤美香、鋤野亜弓、高山弘子、太原ゆか、中尾有岐、中山英治、野田尚史、萩原章子、日比伊奈穂、村田裕美子、吉川景子

場面とコミュニケーションでわかる日本語文法ハンドブック
中西久実子編　中西久実子・坂口昌子・中俣尚己・大谷つかさ・寺田友子著
定価3,600円＋税

日本語教師として知っておくべき知識・技術を網羅した概説書。総ルビなので外国人日本語学習者の読解教材としても使える。文法知識、文法用語、主要な教科書との対応、母語話者の使用実態、誤用例、授業の指導案など専門知識がA1〜B1程度の場面とコミュニケーションに結びつけて示されている。国内外の日本語教師の必携書。